저와 함께 영어의 바다에서 항해하는
바로 영어 by 세진쌤(유튜브) 구독자분들과 저의 모든 학생들께
이 책을 바칩니다.

진짜 영어식 사고 쉽게 알려주는

세진 쌤의
바로 영어

세진 쌤의 바로 영어

지은이 박세진
펴낸이 정규도
펴낸곳 (주)다락원

초판 1쇄 발행 2021년 9월 15일
초판 4쇄 발행 2022년 11월 6일

기획·책임 편집 허윤영
편집 지원 권민정, 김민주, 김은혜, 유나래
영문 감수 케빈 경
디자인·전산편집 지완

다락원 경기도 파주시 문발로 211
내용문의: (02)736-2031 내선 520
구입문의: (02)736-2031 내선 250~251
Fax: (02)732-2037
출판등록 1977년 9월 16일 제406-2008-000007호

값 13,500원
ISBN 978-89-277-0151-4 13740

www.darakwon.co.kr
다락원 홈페이지를 방문하시면 상세한 출판정보와 함께 동영상 강좌, MP3 자료 등 여러 도서의 다양한 어학 정보를 얻으실 수 있습니다.

진짜 영어식 사고 쉽게 알려주는

세진 쌤의 바로 영어

박세진 지음

DARAKWON

다락원에서 처음 집필 제의를 받았을 때의 쌀쌀한 날씨를 뒤로 하고 여름이 오더니 어느새 여름도 끝을 보이고 있습니다. 다년간 영어를 가르치면서 학생들에게 항상 강조했던 '영어식 사고'를 바탕으로 진짜 영어다운 영어를 표현하는 방법을 잘 전달하고 싶어서 많은 노력을 기울인 책을 출간하게 되어 기쁩니다.

다 큰 성인이 외국어를 배운다는 것은 쉬운 일이 아니죠. 영어는 한국어와 너무 다르기 때문에, 중고등학교 6년 동안 영어 공부를 했어도 영어를 어려워하면서 멀리하는 사람이 많은 것이 현실입니다. 그중에서도 한국어와 일대일 대응이 잘 안 되는 기본동사의 쓰임과 한국어에는 없는 품사인 전치사 때문에 초급 레벨을 벗어나지 못하고 좌절하는 경우를 자주 봤습니다.

그런 분들이 기본적인 동사와 전치사에 관해 정확한 감을 잡고, 동사와 전치사에 깔린 영어식 사고와 논리를 습득하여 실제로 활용하는 단계로까지 나아갈 수 있도록 구성한 책이 바로 〈세진 쌤의 바로 영어〉입니다. 이 책을 통해 여러분이 얻기를 바라는 것은, 영어회화를 정복하거나 영어를 마스터하는 것이 아닙니다. 사실, 영어를 '정복'한다거나 '마스터'한다는 건 있을 수 없다고 생각해요. 하지만 영어를 모국어로 쓰는 사람이 갖는 언어의 사고방식을 익힌다면, 일상에서 통하는 수준의 자연스럽고 유창한 표현력을 갖출 수는 있습니다. 독자들이 그 지점에 도달할 수 있는 영어의 토대를 닦는 것을 돕기 위해 고민하면서 이 책을 집필했습니다.

이 책은 한번 마음먹고 펼치면 도중에 포기하지 않고 끝까지 완독할 수 있을 정도의 분량과 난이도로 구성되었습니다. 한 단원의 호흡이 짧고, 내용이 쉽게 설명되어 있으며, 일상에서도 써먹을 만한 유용한 문장을 만드는 연습문제가 제시되어 있죠. 또한 부록에도 유용한 영어식 사고 법칙을 정리해 놓았습니다. 책의 내용을 성실하게 내 것으로 만든다면 여러분의 영어식 사고력과 표현력이 비약적으로 확장되는 것을 경험하게 될 거예요. 이 책은 여러분이 쉬운 일상적 수준의 영어를 '바로(금방)' '바로(제대로)' 말하고 영작할 수 있는 씨앗이 될 것입니다.

마지막으로, 이 책이 나오기까지 정말 많은 도움을 주신 허윤영 편집 자님과 영어 표현과 관련해 많은 자문을 해 준 나의 친구 Louie 그리고 이 책을 쓰는 동기가 된 저의 학생들께 감사 인사를 드립니다.

박세진

1 완독할 수 있는 학습 분량이다

이 책은 분량이 많지 않습니다. 그래서 **한 번 빠르게 완독하고 나서 몇 번 더 완독하는 것을 추천합니다**. 책 한 권을 짧은 간격으로 몇 회독하는 것은 책의 내용을 효과적으로 익히는 가장 좋은 방법이죠. 한 단원의 길이가 길지 않고, 핵심만 뽑아 쉽게 설명하기에 지치지 않고 한 단원의 공부를 끝낼 수 있습니다.

2 기본동사와 전치사의 개념을 확실히 잡을 수 있다

가장 기초적이면서 가장 많이 쓰는 **7개의 기본동사와 9개의 전치사**를 골랐습니다. 학습할 동사와 전치사의 기본 개념과 확장 개념을 예문과 함께 살펴보며 개념과 쓰임을 이해할 뿐만 아니라, 한국어와 영어의 차이도 비교하면서 영어식 사고를 확실하게 익힐 수 있습니다. 일상에서 자주 쓰는 구동사와 관용 표현도 익히면서 일상회화에 필요한 표현이 느는 것은 덤입니다.

3 영어식 풀이의 과정을 보여 주는 중간 단계가 있다

이 책의 목적은 한국어와는 다른 영어식 사고를 습득하여 영어답게 표현할 수 있게 하는 것입니다. PART 1에는 한국어 표현을 영어로 변환하는 중간 단계에 해당하는 '영어식 풀이'가 제시되어 있습니다(🦅가 '영어식 풀이' 표시예요). 이 '영어식 풀이'는 우리말로 '영어'라는 언어를 이해할 수 있는 효과적인 방법으로, 영어식 사고력과 표현력을 기르는 데 도움이 됩니다. **기초 연습문제**에서도 영어식 풀이가 제공되어 영어식 사고로 문장을 만드는 연습을 합니다. 그 과정을 지나면 진짜 자연스러운 영어 표현을 말할 수 있게 될 거예요.

4 영작뿐 아니라 스피킹 실력도 높일 수 있다

기초 연습문제와 심화 연습문제 그리고 **파트 실전 문제**의 영어 문장에 MP3가 제공됩니다. 먼저 문장을 영작한 다음, MP3를 들으며 영어 원어민을 따라 소리 내어 문장을 읽어 보세요. 글로 쓰고 소리 내어 말하는 연습을 통해 더 자신 있게 영어를 구사할 수 있게 됩니다.

이 책의 구성과 활용

PART 1에서는 7개
기본동사의 개념 그리고
어떤 대상과 함께 쓰이는지
등을 배웁니다.
일상에서 자주 쓰는
구동사 및 관용 표현도
익힐 수 있고,
영어 예문도 실생활에서
자주 쓸 법한 것으로
제시했습니다.

주어진 한국어 문장과
중간의 영어식 풀이
그리고 영어 문장을
반복하여 읽으면
영어식 사고를
자연스럽게 익힐 수
있습니다.

PART 2에서는 9개
핵심 전치사를 다룹니다.
각 전치사의 기본 개념과
확장 개념을 익혀 보세요.
전치사의 경우, 개념을
머릿속에 이미지화하면
효과적으로 이해할 수
있습니다.

이 책의 구성과 활용

기초/심화 연습문제

각 단원이 끝나고,
학습한 내용을 토대로
영어 문장을 만들어 보는
연습을 합니다.
빈칸을 채워 문장을 완성한 후
아래 밑줄에 문장을
다시 한 번 써 보세요.
MP3를 들으면서 써 봐도
좋습니다.

기초 연습문제에는
'영어식 풀이'가 제공됩니다.

영어 문장을 만든 후
MP3를 들으면서
문장을 소리 내어
읽어 보세요.

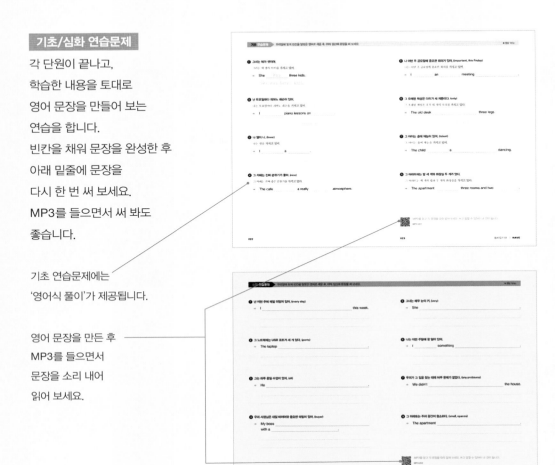

파트 실전 문제

파트가 끝나면 각 파트에서
학습한 내용을
종합적으로 적용할 수 있는
영작 문제가 주어집니다.

실전 문제에도 MP3가
제공됩니다.
듣고 따라 읽으면서
문장들을 완벽히 익히세요.

본문에서 다루지 못했던
내용을 간단히 정리하여
제시합니다.
come과 go의 차이,
시간 전치사와 기간 전치사의
차이를 확실히 잡아 보세요.

세진 쌤의
영어식 사고 잡기

꼭 알아야 하는
영어식 사고 법칙 네 가지를
정리했습니다.
영어 표현력을 기르는 데
도움이 되는 내용들이므로
꼭 숙지하시기 바랍니다.

정답

답을 확인한 후
해당 문제 페이지로 가서
문장을 다시 써 보거나
MP3를 들으면서
따라 읽어 보세요.

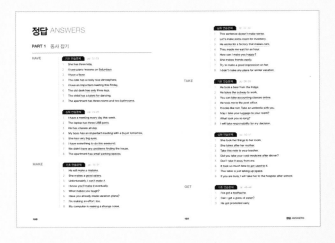

Contents

Part 1

기본동사VERB 잡기

HAVE

MAKE

TAKE

GET

Part 2 전치사 PREPOSITION 잡기

IN/ON/AT (그 외)

UP

DOWN

OFF

◯ 세진 쌤의 **영어식 사고 따라잡기!**

◯ 정답 ANSWERS

기본동사 잡기
VERB

☐

HAVE

☐

MAKE

☐

TAKE

☐

GET

☐

GIVE

☐

KEEP

☐

PUT

영어 문장 만들기의 시작은 기본동사!
동사의 개념과 사용을 통해
기초적인 영어식 사고의
감을 잡고, 표현력의 토대 다지기!

Part 1   기본동사(VERB) 잡기

영어의 기본동사를 제대로 아는 것은 영어 공부에 있어서 가장 기초이자 핵심입니다. 제가 말하는 '기본동사를 안다'라는 것은 'take=취하다', 'have=가지다'와 같이 영어 단어와 일대일로 대응되는 한국어 뜻을 아는지가 아닙니다. 우리가 알아야 할 것은 기본동사의 '개념'과 동사들이 어떠한 '대상(문법적으로는 목적어)과 함께 쓰이는지'입니다. 그것만 알아도 한국어와는 다른 영어식 사고에 관한 감을 잡을 수 있고, 자연스러운 영어 표현을 만들 수 있게 됩니다. PART 1에서는 영어에서 가장 중요한 7개 기본동사의 개념을 잡고, 각 동사가 어떻게 사용되는지를 살펴볼 겁니다. 그럼 시작해 볼까요?

HAVE

첫 번째로 배울 동사는 have입니다. have의 기본 개념은 소유의 '**가지다(가지고 있다)**'로, have lunch(점심을 가지다)에서처럼 '**~을 먹다**', have a cold(감기를 가지다)에서처럼 '**(병에) 걸리다/(병의 증상이) 있다**'의 의미도 있다는 사실은 대부분 알고 있을 거예요. 매우 쉽게 느껴지는 have이지만, 영어 원어민이 have를 어떻게 사용하는지 제대로 이해하는 것이 매우 중요합니다. have를 통해 한국인과 영어 원어민의 사고 차이가 분명하게 드러나거든요. 지금부터 have가 드러내는 영어의 세계를 알아보겠습니다.

HAVE의 세계 ①
한국어의 '~이 있다'[존재]를 영어는 '가지고 있다'[소유]로 표현한다

'나 약속이 있어', '나 수업이 있어'를 영어로 표현하라고 하면 There is/are부터 떠올리는 한국인이 많습니다. 하지만 이때 영어 원어민은 동사 have를 선택합니다. 한국어로는 '~이 있다(존재하다)'로 표현되는 상황을 영어 원어민은 '주어가 ~을 소유한다'로 받아들이는 경우가 많습니다. 아래 예문을 보면서 확인해 볼게요.

(★) 나에게는 강아지가 둘 있어.

There are two puppies to me. ×

I have two puppies. ○

영어 원어민은 예문의 상황을 '**나는 두 마리의 강아지를 가지고 있다**'로 인식한다는 것에 주목해야 합니다. 다시 말하지만, 한국어로 '~이 있다'라고 표현하는 상당수를 영어에서는 '~을 가지고 있다'로 인식합니다. 이렇게 영어식으로 제대로 표현하고 싶다면 have가 쓰인 문장을 반복적으로 경험해서 영어 원어민이 어떤 것들을 have의 대상으로 생각하는지를 이해하는 것이 중요합니다.

나 미팅이 있어.

나는 미팅을 **가지고 있어.**

➡ I **have** a meeting.

나는 토요일마다 수업이 있어.

나는 토요일마다 수업을 **가지고 있어.**

➡ I **have** classes on Saturdays.

〈토요일 한 번이 아니라 '매주' 토요일은 Saturday 끝에 -s를 붙여 on Saturdays라고 하거나 every Saturday라고 합니다.〉

그녀는 음악에 소질이 있어.

그녀는 음악에 소질을 **가지고 있어.**

➡ She **has** a talent for music.

나는 집에서 할 일이 있어.

나는 집에서 할 어떤 일을 **가지고 있어.**

➡ I **have** something to do at home.

〈'어떤 동작이나 행위를 하는(할) 것'은 to부정사로 나타낼 수 있습니다.〉

사물도 주체가 되어 '소유한다'

영어에서는 행위의 주체가 꼭 사람이 아니어도 됩니다. 즉, **무생물인 사물도 주체가 되어 소유할 수 있습니다.** 그러면 아래 한국어 문장들은 영어로 어떻게 바꿀 수 있을까요?

(★) 책상에 다리가 있다. / 냄비에 손잡이가 있다.

위의 예문들을 영어에서는 책상이 다리를 '가지고' 있고, 냄비가 손잡이를 '가지고' 있다고 인식하여 have로 표현합니다. 한국어식 사고로는 책상이나 냄비와 같은 무생물이 뭔가를 소유한다는 것이 어색하게 느껴지지만, 영어에서는 **사물1+have+사물2** 형태의 문장을 자주 만나게 됩니다. 그런데 여기서 중요한 것은 '사물2가 사물1을 이루는 부분'이라는 사실입니다.

● 책상에 다리가 네 개 있다.

🇺🇸 책상은 네 개의 다리를 **가지고 있다.**

➡ The desk **has** four legs.

● 냄비에 손잡이가 두 개 있다.

🇺🇸 냄비는 두 개의 손잡이를 **가지고 있다.**

➡ The pot **has** two handles.

● 그 빌딩에는 도서관 하나와 카페 하나가 있다.

🇺🇸 그 빌딩은 도서관 하나와 카페 하나를 **가지고 있다.**

➡ The building **has** a library and a cafe.

● 우리 집에는 방이 세 개 있다.

🇺🇸 우리 집은 세 개의 방을 **가지고 있다.**

➡ My home **has** three rooms.

한국어의 '주어1+주어2+형용사' 표현도 HAVE를 쓴다

먼저 아래 한국어 문장을 보겠습니다.

(★) 그는(주어1) 머리가(주어2) 길다(형용사).

프랑스어는(주어1) 어휘가(주어2) 풍부하다(형용사).

나는(주어1) 목이(주어2) 쉬었다(형용사).

위의 한국어 문장들은 '주어1+주어2+형용사' 형태로, 한국어에서는 흔하게 볼 수 있는 문장 형태입니다. 이 중에서 첫 번째 문장을 영어로 어떻게 쓰면 될까요? 한국어와 최대한 비슷하게 '주어+동사+형용사' 형태인 His hair is long.으로 표현해도 틀리지는 않습니다. 하지만 영어 원어민에게 물어보면 열에 아홉은 have를 써서 표현할 거예요. 한국어의 '주어 1+주어 2+형용사'로 표현하는 상황을 영어식 사고로는 어떻게 인식하여 표현하는지 다음을 보면서 파악해 보세요.

● 그는 머리가 길다.

● 그는 긴 머리를 **가지고 있다**.

➡ He **has** long hair.

● 프랑스어는 어휘가 풍부하다.

● 프랑스어는 풍부한 어휘를 **가지고 있다**.

➡ French **has** a rich vocabulary.

● 나 목이 쉬었어.

● 난 쉰 목을 **가지고 있어**.

➡ I **have** a sore throat.

❶ 그녀는 애가 셋이야.

그녀는 세 명의 아이를 가지고 있어.

➡　She ___*has*___ three kids.

She has three kids.

❷ 난 토요일마다 피아노 레슨이 있어.

나는 토요일마다 피아노 레슨을 가지고 있어.

➡　I _____ piano lessons on _____ .

❸ 나 열이 나. (fever)

나는 열을 가지고 있어.

➡　I _____ a _____ .

❹ 그 카페는 진짜 분위기가 좋아. (nice)

그 카페는 진짜 좋은 분위기를 가지고 있다.

➡　The cafe _____ a really _____ atmosphere.

5 나 이번 주 금요일에 중요한 회의가 있어. (important, this Friday)

나는 이번 주 금요일에 중요한 회의를 가지고 있어.

➡ I _____ an _____ meeting _____ _____ .

- -

6 그 오래된 책상은 다리가 세 개뿐이다. (only)

그 오래된 책상은 오직 세 개의 다리를 가지고 있다.

➡ The old desk _____ _____ three legs.

- -

7 그 아이는 춤에 재능이 있어. (talent)

그 아이는 춤에 재능을 가지고 있어.

➡ The child _____ a _____ _____ dancing.

- -

8 그 아파트에는 방 세 개와 화장실 두 개가 있다.

그 아파트는 세 개의 방과 두 개의 화장실을 가지고 있다.

➡ The apartment _____ three rooms and two _____ .

- -

MP3를 듣고 각 문장을 따라 말해 보세요. 쓰고 말할 수 있어야 내 것이 됩니다.

MP3 001

1 난 이번 주에 매일 미팅이 있어. (every day)

➡ I _____ this week.

2 그 노트북에는 USB 포트가 세 개 있다. (ports)

➡ The laptop _____.

3 그는 하루 종일 수업이 있어. (all)

➡ He _____.

4 우리 사장님은 내일 바이어와 중요한 미팅이 있어. (buyer)

➡ My boss _____
with a _____.

5 그녀는 매우 눈이 커. (very)

➡ She _____.

----

6 나는 이번 주말에 할 일이 있어.

➡ I _____ something _____.

----

7 우리가 그 집을 찾는 데에 아무 문제가 없었다. (any problems)

➡ We didn't _____ the house.

----

8 그 아파트는 주차 공간이 협소하다. (small, spaces)

➡ The apartment _____.

MP3를 듣고 각 문장을 따라 말해 보세요. 쓰고 말할 수 있어야 내 것이 됩니다.

MP3 002

동사 잡기 01 | **HAVE**

MAKE

MAKE의 개념
눈에 보이고 손에 잡히는 것뿐 아니라 추상적인 것까지 '만들다'

make의 기본 뜻은 '만들다'입니다. make a machine(기계를 만들다), make a cake(케이크를 만들다), make a snowman(눈사람을 만들다) 등에서 알 수 있듯이, make는 눈에 보이고 손에 잡히는 모든 것을 '만듭니다(제조합니다)'.

That film director has made many films.
저 영화 감독은 많은 영화를 만들어 왔다.

I'll make some tea.
제가 차를 끓일게요. 〈차를 만드는 것'은 '차를 끓이는 것'입니다.〉

I make breakfast every day.
저는 매일 아침밥을 해요. 〈아침밥을 만드는 것'은 '아침밥을 짓는 것'입니다.〉

하지만 make가 눈에 보이거나 손에 잡히는 것만 만드는 것은 아닙니다. 우리도 종종 뒷수습은 안 하면서 일만 벌이는 친구에게 "너 왜 자꾸 일을 만들어?"라고 짜증을 내곤 하는데, 영어에서도 make는 넓은 범위의 '만들다'를 표현할 때 쓰입니다. 즉, **눈에 보이지 않고 손에 잡히지 않는 추상적인 개념까지, 모든 것을 만들어 내는 것이 make**입니다.

MAKE의 대상
새로 만들어 낼 수 있는 모든 것

이제 make가 만들어 내는 대상으로 무엇이 있는지 구체적으로 살펴보면서, make에서 드러나는 영어식 사고도 배워 봅시다.

1 돈/계획/변화/소음/사람 등

눈에 보이고 손에 잡히는 것뿐만 아니라 **계획이나 변화, 소음, 인상, 연설** 등 눈에 보이거나 손에 잡히는 형체가 없고 추상적인 개념까지도 포함해 **새롭게 만들 수 있는 거의 모든 것**이 make의 대상이 됩니다. 심지어 '사람'도 make의 대상이 될 수 있습니다. 이 경우, 사람을 물리적으로 만드는 것이 아니라 **사람의 생각이나 감정, 행동을 새로운 방향으로 향하도록 만들어 가는 것**을 의미합니다.

● 나는 돈을 벌어야 해.

🇺🇸 나는 돈을 **만들어야** 해.

➡ I have to make money.

● 그는 변화를 일으키고 싶어한다.

🇺🇸 그는 변화를 **만드는 것**을 원한다.

➡ He wants to make a difference.

● 여름 방학 계획을 세워야 해.

🇺🇸 여름 방학을 위한 계획을 **만들어야** 해.

➡ We should make plans for our summer vacation.

🌑 우리는 좋은 인상을 줘야 해.

🇺🇸 우리는 좋은 인상을 **만들어야** 해.

➡ We have to make a good impression.

🌑 차 엔진이 이상한 소리를 내고 있다.

🇺🇸 차 엔진이 이상한 소리를 **만들고** 있다.

➡ The car's engine is making a strange noise.

〈사물이 주체가 되어 make할 수도 있어요.〉

🌑 내가 어떻게 하면 너를 이해시킬 수 있을까?

🇺🇸 내가 어떻게 네가 이해하게 **만들** 수 있을까?

➡ How can I make you understand?

〈'이 문장의 make는 사역동사로, 주어가 목적어를 강제하여 어떤 행동을 하게 하는 것이다'
라고 문법적으로 복잡하게 접근할 필요가 없습니다. 간단히, '누구를 understand(이해하다)
상태로 만들다'로 생각하면 '누구를 이해하게 하다'라는 의미임을 알 수 있습니다.〉

2 한국어의 '〜하다'로 표현되는 행위

또한 한국어로는 '〜하다'로 표현하기 때문에 영어로도 동사 do를 쓸 것
같지만, 의외로 make를 쓰는 표현이 많습니다. make a call(전화하다),
make a speech(연설을 하다), make a presentation(발표하다), make a
deposit(예금을 하다) 등이 있는데, 더 많은 예를 살펴보겠습니다.

🌑 그는 노력할 것이다.

🇺🇸 그는 노력을 **만들** 것이다.

➡ He will make an effort.

🌑 그는 결정을 내릴 거야.

🇺🇸 그는 결정을 **만들** 거야.

➡ He will make a decision.

🌑 실수하지 마.

🇺🇸 실수를 **만들지** 마.

➡ Don't make a mistake.

MAKE가 들어간 대표적인 관용 표현

make가 들어간 대표적인 관용 표현 두 가지를 소개하겠습니다. make 의 개념을 바탕으로 맥락을 생각하면 주어진 표현들이 왜 저 뜻을 갖는 지 이해할 수 있지만, 그런 과정은 효율성이 떨어지므로 이 표현들은 그 냥 외우기를 추천합니다.

- **make it** 참석하다 / 성공하다, 해내다

  I'm sorry. I can't make it tomorrow.

  죄송해요. 저는 내일 못 갈 것 같아요.

  Finally, I made it!

  마침내 내가 해냈어!

- **make sense** 말이 되다(이해가 되다) / 이치에 맞다

  It doesn't make sense.

  그건 말이 안 돼.

  You are not making any sense at all.

  너는 지금 전혀 말이 안 되는 소리를 하고 있어.

❶ 그는 실수할 것이다.

그는 실수를 만들 것이다.

➡ He will _____ a _____ .

----

❷ 그녀는 괜찮은 월급을 받는다. (good, salary)

그녀는 괜찮은 월급을 만든다.

➡ She _____ a _____ _____ .

----

❸ 안타깝지만, 저는 못 갈 것 같아요.

안타깝지만, 저는 참석을 만들어 낼 수 없어요.

➡ Unfortunately, I _____ _____ _____ .

----

❹ 난 네가 결국 해낼 거란 걸 알아.

나는 네가 결국 그것을 만들어 낼 것을 알아.

➡ I know _____ _____ _____ eventually.

----

5 무엇이 당신을 웃게 하나요?

무엇이 당신을 웃게 만드나요?

➡ What _____ you _____?

----

6 너 벌써 휴가 계획 세웠니?

너는 벌써 너를 위한 휴가 계획을 만들었니?

➡ Have you already _____ vacation _____?

----

7 나도 노력하고 있어요.

나도 노력을 만들고 있어요.

➡ I'm _____ _____ _____, too.

----

8 내 컴퓨터에서 이상한 소리가 난다.

내 컴퓨터는 이상한 소리를 만들고 있다.

➡ My computer is _____ a _____ _____.

 MP3를 듣고 각 문장을 따라 말해 보세요. 쓰고 말할 수 있어야 내 것이 됩니다.

MP3 003

1 이 문장은 이치에 맞지 않아(이해가 안 돼).

➡ This sentence _____ .

----

2 재고를 위한 공간을 좀 마련합시다. (some, room)

➡ _____ for inventory.

----

3 그는 자동차를 만드는 공장에서 일한다. (for)

➡ He _____ a factory that _____ .

----

4 그들은 나를 한 시간 동안 기다리게 했다.

➡ They _____ for an hour.

----

5 내가 어떻게 하면 당신을 행복하게 해 줄 수 있을까요?

➡ How can I _____?

_____

_____

6 그녀는 친구를 쉽게 사귄다. (easily)

➡ She _____ .

_____

_____

7 그녀에게 좋은 인상을 심기 위해 노력해 봐.

➡ Try to _____ on her.

_____

_____

8 나는 아무런 겨울 방학 계획을 세우지 않았어. (any)

➡ I _____ for winter _____ .

_____

_____

 MP3를 듣고 각 문장을 따라 말해 보세요. 쓰고 말할 수 있어야 내 것이 됩니다.

MP3 004

TAKE

TAKE의 개념
힘을 쏟아 '～을 취하다'

take가 사용되는 표현 중 우리에게 제일 익숙한 것은 take-out(음료, 음식 등을 포장해서 나가는 것)일 텐데요, take는 **힘을 쏟아 어떤 대상을 '취하는'** 동작을 표현합니다. '취하다'라는 것은 자기 영역 안으로 받아들임을 의미하는데, 영어에서는 일반적으로 음식이나 우산, 펜, 가방 등을 take합니다. 이뿐만 아니라 '약을 먹고' '교통수단을 타고' '어디에 데리고 가는' 것도 take로 나타낼 정도로, take는 넓은 영역에 걸쳐 사용됩니다.

그런데 이런 take가 쓰기 어렵게 느껴지는 이유는 무엇일까요? 그건 한국어에서는 '취하다'라는 개념이 적용되는 범위가 좁기 때문일 것입니다. 여기서도 한국식 사고와 영어식 사고의 차이를 느낄 수 있습니다. 지금부터 예문들을 보면서 take가 표현하는 영어식 사고를 알아봅시다.

● 제가 당신의 짐을 들어 드려도 될까요?

● 제가 당신의 짐을 **취해도** 될까요?

→ May I **take** your luggage?

● 나는 아들을 치과에 데리고 갔다.

● 나는 치과라는 **장소로** 아들을 **취했다**.

→ I **took** my son **to** the dentist.

〈아들을 take한 행동이 향하는 방향이나 행동의 목적을 뒤에 나오는 전치사 to가 나타냅니다.〉

● 저는 저 파란색으로 할게요.

● 저는 저 파란색을 **취할게요**.

→ I'll **take** that blue one.

〈'물건을 선택하는 것'도 take로 표현할 수 있습니다.〉

● 지금 드시는 약이 있으세요?

● 지금 **취하는**(복용하는) 약이 있으세요?

→ Are you **taking** any medicine?

● 나는 버스를 타고 학교에 가.

● 나는 버스를 **취해서** 학교에 가.

→ I **take** the bus **to** school.

〈버스를 take한 행동이 향하는 방향이나 행동의 목적이 뒤에 나오는 전치사 to를 통해 드러납니다.〉

● 죄송하지만, 이 자리는 맡은 사람이 있어요.

● 죄송하지만, 이 자리는 (다른 사람에 의해) **취해졌어요**.

→ I'm sorry, but this seat is **taken**.

take와 관련해서 더 알아야 할 것은, 단순히 눈에 보이고 손에 잡히는 종류의 것뿐만 아니라 **행동이나 책임, 수업, 시험, 시간, 노력 등 에너지를 들여야 하는 거의 모든 것**이 take의 대상이라는 점입니다. 예문을 보면서 확실히 익혀 볼게요.

행동/동작	I'm ready to take action. 나는 행동을 취할 준비가 되었다. Let's take a walk. 산책하자.
책임	I take full responsibility for what happened. 일어난 일은 제가 전적으로 책임집니다.
수업	I took five classes last semester. 나는 지난 학기에 수업을 5개 들었다.
시험	I am not good at taking tests. 나는 시험에 약해. (나는 시험을 치는 것을 잘하지 못해.)
시간/노력	It takes time and effort to learn new skills. 새로운 기술을 배우려면 시간과 노력이 필요하다. How long does it take to get to Gangnam? 강남까지 얼마나 걸려요? (강남까지 얼마나 오랜 시간이 걸려요?)

구동사 표현
TAKE가 들어간 핵심 구동사 표현

구동사는 '동사+전치사/부사' 또는 '동사+부사+전치사'가 결합하여 특정한 의미를 갖는 동사 역할을 하는 단위입니다. 동사, 전치사, 부사 자체의 기본 의미만으로도 뜻을 유추할 수 있는 구동사도 있지만, 왜 이런 뜻을 갖게 되었는지 도통 유추하기가 어려운 구동사도 있습니다. 그런데 구동사 표현은 일상 회화에서 정말 많이 쓰입니다. 따라서 중요한 구동사는 외워 두는 게 좋아요. take가 사용된 대표적인 구동사를 몇 가지 알아보겠습니다.

- **take off** (옷, 신발, 모자 등을) 벗다

  I took my boots off and put on the slippers.
  나는 부츠를 벗고 슬리퍼를 신었다.

  〈'나는 부츠를 취해서(take) 발에서 떼어 내고(off), 슬리퍼를 신었다'로 생각하세요.〉

- **take away** 빼앗다, 치우다

  Take the ball **away** from the dog!

  개한테서 공을 뺏어!

  〈'개로부터 공을 취해서(take) 떨어지게(away) 하라'로 생각하세요.〉

- **take+사람+back** (누구에게) ~을 상기시키다

  This meal **takes** me **back** to our vacation in Mexico.

  이 식사는 멕시코에서 보낸 우리의 휴가를 떠오르게 한다.

  〈'이 식사는 나를 취해서(take) 멕시코에서 보낸 우리의 휴가로 돌아가게(back) 한다'로 생각하세요.〉

- **take after** ~를 닮다

  He **takes after** his father in height and build.

  그는 키나 체격에서 자기 아버지를 닮았다.

  〈'그는 자기 아버지의 키와 체격을 취해서(take) 나중에(after) 태어났다'로 생각하세요.〉

- **take on** (어떤 일을) 담당하다, 맡다

  I don't have time to **take on** any new responsibilities.

  저는 새로운 책임을 떠맡을 시간이 없습니다.

  〈'나는 새로운 책임을 취해서(take) 그 책임에 붙어(on) 간다'로 생각하세요.〉

- **take up** (공간을) 차지하다

  The new couch **takes up** half of the room.

  새 소파가 방의 절반을 차지하고 있다.

  〈'새 소파가 방 면적의 절반에 다다르는 선까지 올라(up) 공간을 취하고(take) 있다'로 생각하세요.〉

❶ 그는 냉장고에서 맥주를 꺼냈다. (a beer)

그는 냉장고에서 맥주를 취했다.

➡ He ＿＿＿＿＿＿ ＿＿＿＿＿＿＿ ＿＿＿＿＿＿ from the fridge.

＿＿＿＿＿＿＿＿＿＿＿＿＿＿＿＿＿＿＿＿＿＿＿＿＿＿＿

❷ 그는 지하철을 타고 출근한다.

그는 직장까지 지하철을 취한다.

➡ He ＿＿＿＿＿＿ ＿＿＿＿＿＿＿ ＿＿＿＿＿＿ to work.

＿＿＿＿＿＿＿＿＿＿＿＿＿＿＿＿＿＿＿＿＿＿＿＿＿＿＿

❸ 온라인으로 회계학 수업을 들을 수 있습니다. (accounting)

온라인으로 회계학 수업을 취할 수 있습니다.

➡ You can ＿＿＿＿＿＿ ＿＿＿＿＿＿ classes ＿＿＿＿＿＿.

＿＿＿＿＿＿＿＿＿＿＿＿＿＿＿＿＿＿＿＿＿＿＿＿＿＿＿

❹ 그는 나를 우체국으로 데려갔다.

그는 우체국이란 장소로 나를 취했다.

➡ He ＿＿＿＿＿＿ ＿＿＿＿＿＿＿ ＿＿＿＿＿＿ the post office.

＿＿＿＿＿＿＿＿＿＿＿＿＿＿＿＿＿＿＿＿＿＿＿＿＿＿＿

5 비가 올 것 같아. 우산을 가지고 가.

비가 올 것 같아. 우산을 취해서 너와 함께 하도록 해.

➡ It looks like rain. ＿＿＿＿＿ an umbrella ＿＿＿＿＿ you.

---

6 짐을 방으로 옮겨 드릴까요? (luggage)

제가 당신의 방으로 당신 짐을 취해도 될까요?

➡ May I ＿＿＿＿＿ your ＿＿＿＿＿ ＿＿＿＿＿ your room?

---

7 왜 그렇게 오래 걸렸어요? (long)

무엇이 당신을 그렇게 오랫동안 취하고 있었나요?

➡ What ＿＿＿＿＿ you so ＿＿＿＿＿?

---

8 제 결정에 대한 책임을 지겠습니다.

제 결정에 대한 책임을 취하겠습니다.

➡ I will ＿＿＿＿＿ ＿＿＿＿＿ ＿＿＿＿＿ my decision.

MP3를 듣고 각 문장을 따라 말해 보세요. 쓰고 말할 수 있어야 내 것이 됩니다.

MP3 005

1 그녀는 자기 물건들을 방으로 가져갔다. (things)

➡ She _____ her room.

----

2 그녀는 자기 엄마를 닮았어요.

➡ She _____ .

----

3 이 메모를 선생님께 전하렴. (note)

➡ _____ your teacher.

----

4 너 저녁 식사 후에 감기약 먹었어? (cold medicine)

➡ Did you _____ dinner?

----

⑤ 내게서 그것을 빼앗지 마세요.

➡ Don't _____ me.

---

⑥ 그것에 익숙해지는 데 시간이 정말 오래 걸렸어요. (get used to)

➡ _____ so much time _____ it.

---

⑦ 이 테이블은 공간을 차지하고 있을 뿐이다. (space)

➡ This table _____ just _____ .

---

⑧ 네가 바쁘면 내가 방과 후에 그녀를 병원으로 데려갈게. (after school)

➡ If you are busy, I will _____ .

MP3를 듣고 각 문장을 따라 말해 보세요. 쓰고 말할 수 있어야 내 것이 됩니다.

MP3 006

GET

GET의 개념
세상의 모든 것을 '얻다'

get은 너무나 다양한 상황에 쓰입니다. get을 어떻게 해석할 것인지를 두고 의견이 분분하지만, 어떤 상황이든지 '**얻다**'로 해석하면 충분합니다. 그렇다면 take와는 어떤 차이가 있을까요? take는 무엇에 적극적인 의지를 갖고 힘을 쏟아 취해서 얻게 되는 반면에, get은 **상대방이나 상황이 '주어서' 얻는** 경우에 씁니다. 지금부터 예문을 보면서 get으로 나타나는 영어식 사고를 알아볼게요.

● 저 커피 좀 주실래요?

🇺🇸 제가 커피를 얻을 수 있을까요?

➡ Can I **get** some coffee?

〈영어 원어민 열 명 중 아홉은 이런 상황에 Can you give me some coffee?보다는 Can I get some coffee?라고 표현하는 것을 자연스럽다고 느낍니다. 상대방이 '주는' 커피를 내가 얻는 것이죠.〉

● 나 머리가 너무 아파.

● 나는 끔찍한 두통을 **얻었어.**

➡ I've **got** a terrible headache.

〈두통이라는 증상을 내가 적극적으로 구해서 얻은 것이 아니라 그런 상황이 주어진 것이죠. '두통이 있다'를 I have a headache.라고도 하는데, 이는 두통이 있는 상태를 가졌다는 '상태'를 강조하는 표현입니다.〉

● 나 드디어 일자리를 구했어!

● 나는 드디어 일자리를 **얻었어!**

➡ Finally, I **got** a job!

〈한국식 사고로는 일자리를 구한 것이 내가 적극적으로 힘을 쏟아서 얻은 결과라고 생각하기 쉽지만, 같은 상황을 영어식 사고는 '해당 직장에서 내게 일자리를 준' 것으로 받아들입니다. 물론, 구직자의 노력이 들어갔지만 결국은 직장이 내게 일자리를 줬다고 보는 것이죠.〉

이제 get의 대상으로는 어떤 것들이 있는지 더 자세히 살펴보겠습니다.

GET의 대상
감정 및 상태를 포함해 세상의 모든 것

위의 예를 통해 눈치챘겠지만, get의 대상은 **거의 모두 다**입니다. 이는 손에 잡히는 물건뿐만 아니라 평판이나 허가, 승진, 급여, 보너스, 신체 증상 등 눈에 보이지 않는 것도 다 get할 수 있다는 말이죠. 심지어 '감정'과 '상태'까지 get의 대상으로 봅니다.

1 **사물/평판/허가/급여/보상/신체 증상 등**

get a glass of water 물 한 잔을 얻다

get a reputation 명성을 얻다

get permission 허가를 얻다 (허가를 받다)

get a salary 봉급을 얻다 (봉급을 받다)

get goose bumps 소름을 얻다 (소름이 끼치다)

get a cold 감기를 얻다 (감기에 걸리다)

2 감정/상태

'감정'이나 '상태'도 get할 수 있습니다. 이때 get 뒤에 목적어가 나오는지 안 나오는지를 구분해서 알아두어야 합니다.

❶ get+형용사/분사(p.p.): ~한 감정/상태가 되다

형용사나 분사(p.p.)로 표현되는 감정과 상태를 주어가 get할 수 있습니다. '형용사나 분사가 의미하는 감정이나 상태를 얻다', 즉 '(어떠한) 감정/상태가 되다'라는 뜻이죠. 이를 제대로 구사할 수 있으면 표현할 수 있는 감정이나 상태의 범위가 엄청나게 넓어집니다.

get angry 화나다　　　　　　**get** pregnant 임신하다

get upset 속상하다, 화가 나다　　**get** divorced 이혼하다

get frightened 겁이 나다　　　**get** married 결혼하다

get worried 걱정하다　　　　　**get** started 시작하다

get ready 준비하다　　　　　　**get** promoted 승진하다

● 내가 실수를 해서 속상했다.

● 내가 실수해서 속상한 상태를 **얻었다.**

➡ I **got upset** because I made a mistake.

● 나는 오늘 승진했다.

● 나는 오늘 승진한 상태를 **얻었다.**

➡ I've **got promoted** today.

● 나는 네가 걱정되는 거라고!

● 나는 너에 관해 **걱정되는 감정을 얻고** 있다고!

➡ I'm **getting worried** about you!

❷ get+목적어+형용사/분사(p.p.): (목적어가) ~한 감정/상태가 되다

목적어가 어떤 감정이나 상태가 되는 것을 'get+목적어+형용사/분사 (p.p.)'로 표현할 수 있습니다. 예를 들어, get it delivered는 직역하면 'delivered된 it을 얻다'로, 이는 곧 'it의 상태가 배달되었다'는 것을 의미합니다.

get *it* delivered 배달된 상태의 그것을 얻다 ➡ 그것이 배달되다

get *it* done 완료된 상태의 일을 얻다 ➡ 일을 끝마치다

● 그녀는 나를 화나게 했다.

🏵 그녀는 **화난 상태의 나를 얻었다.**

➡ She got me mad.

● 내가 이번 주말까지 그것을 준비할게.

🏵 내가 이번 주말까지 **준비된 상태의 그것을 얻을게.**

➡ I'll get it ready by this weekend.

● 이걸 먼저 처리하는 게 좋겠어요.

🏵 당신은 먼저 **완료된 상태의 이것을 얻는** 게 좋겠어요.

➡ You should get this done first.

GET이 들어간 핵심 구동사 표현

일상에서 쓰는 get이 들어간 구동사는 정말 많고, 이 모든 구동사의 뜻을 일일이 암기하는 것은 불가능에 가깝습니다. 그러므로 구동사를 이루는 요소들의 기본 의미를 바탕으로 구동사의 뜻을 유추하려고 노력해 보세요. 지금부터는 일상에서 자주 쓰이는 get이 들어간 구동사를 살펴보겠습니다. 문장 안에 '목적어가 나오는 경우'와 '목적어가 드러나지 않는 경우' 두 가지로 나눠서 볼게요.

❶ 목적어가 있는 경우

- **get in** (차 등에) 타다

  I **got** him **in** the car. 나는 그를 차에 타게 했다.
  〈'나는 그가 차 안으로(in) 들어오는 상황을 얻었다'〉

- **get out (of)** (차 등에서) 내리다, 나가다

  I **got** him **out** of the car. 나는 그를 차에서 내리게 했다.
  〈'나는 그가 차 밖으로(out) 나가는 상황을 얻었다'〉

- **get over (with)** 끝내다

  Let me **get** it **over** with. 나는 그것을 끝낼 거야.
  〈'나는 그것(it)이 끝나는(over) 상황을 얻었다'〉

❷ 목적어가 없는 경우

get 구동사 문장에 목적어가 나오지 않더라도, 사실은 아래 예처럼 '주어(self)'가 숨어서 그 목적어 역할을 하고 있다는 사실을 기억하세요.

- **get to** ~에 도착하다

  I **got** (myself) **to** the airport. 나는 공항에 도착했다.
  〈'나는 (나 자신이) 공항에(to) 있는 상태를 얻었다'〉

- **get by (on)** 그럭저럭 힘들게 살다

  I **get** (myself) **by** on a small salary.

  나는 적은 월급으로 그럭저럭 살아간다.

  〈나 자신이 적은 월급에 붙어서(on) 그 월급으로(by) 무엇을 얻을까 생각하면, '적은 돈으로 '그럭저럭 생활하다'라는 뜻임을 유추할 수 있습니다.〉

- **get along with** ~와 잘 지내다

  I **get** (myself) **along with** my sisters.

  나는 언니들과 잘 지낸다.

  〈직역하면 '나는 (나 자신을) 언니들과 함께 있게 하면서 계속 따라감(along)을 얻는다'입니다. 굉장히 어색하지만, 그렇게 계속 함께 있으면서 따라가는 건 '~와 잘 지내기' 때문에 가능한 일임을 유추할 수 있죠.〉

❶ 나 치통이 있어.

나는 치통을 얻은 상태이다.

➡ I've _____ a _____ .

----

❷ 물 한 잔 마실 수 있을까요?

내가 물 한 잔을 얻을 수 있나요?

➡ Can I _____ a glass of _____ ?

----

❸ 그는 빨리 승진했다.

그는 빨리 승진된 상태를 얻었다.

➡ He _____ _____ early.

----

❹ 너는 차를 언제 수리 받을 거야?

너는 언제 수리 받은 상태의 차를 얻을 거야?

➡ When are you going to _____ your _____ _____ .

----

5 제 아내는 석 달 전에 임신했어요. (ago)

제 아내는 석 달 전에 임신한 상태를 얻었어요.

➡ My wife ＿＿＿＿＿＿ ＿＿＿＿＿＿ three months ＿＿＿＿＿.

6 부모님으로부터 먼저 허락을 받아야 해. (first)

나는 부모님으로부터 먼저 허락을 얻어야 해.

➡ I have to ＿＿＿＿＿ ＿＿＿＿＿ from my parents ＿＿＿＿＿.

7 오늘 그거 끝낼 수 있어요? (it)

당신은 오늘 완료된 상태의 그것을 얻을 수 있나요?

➡ Can you ＿＿＿＿＿ ＿＿＿＿＿ ＿＿＿＿＿ today?

8 내가 맞게 하고 있는 걸까? 모든 게 걱정돼.

모든 것에 관해 걱정하는 상태를 얻고 있어.

➡ Am I doing all right? I'm ＿＿＿＿＿ ＿＿＿＿＿ about everything.

MP3를 듣고 각 문장을 따라 말해 보세요. 쓰고 말할 수 있어야 내 것이 됩니다.

MP3 007

① 이 일을 빨리 끝내자. (this, over)

⇒ Let's _____ quickly.

----

② 그게 사무실로 배달되나요? (it)

⇒ Can I _____ the office?

----

③ 당신은 학교에서 좋은 평판을 얻으려고 노력하고 있나요? (reputation)

⇒ Are you trying to _____ at school?

----

④ 그는 어떻게 그렇게 적은 돈으로 살아갈까? (so)

⇒ How can he _____ ?

----

5 전 작년에 이혼했어요.

➡ I _____ .

_____

_____

6 저는 동료들과 잘 지냅니다. (colleagues)

➡ I _____ .

_____

_____

7 공포 영화를 볼 때마다 나는 소름이 돋는다. (goose bumps)

➡ Whenever I watch horror movies, _____ .

_____

_____

8 나는 술을 너무 많이 마시면 그 다음 날 숙취가 생긴다. (a hangover)

➡ When I drink too much, I _____ .

_____

_____

 MP3를 듣고 각 문장을 따라 말해 보세요. 쓰고 말할 수 있어야 내 것이 됩니다.

MP3 008

GIVE

GIVE의 개념
책 한 권에서부터 생명까지, 모든 것을 '주다'

동사 give는 한국어의 '주다'라는 동사와 쓰임이 많이 겹칩니다. 그래서 많은 학습자가 쉽게 느끼고, 아래와 같은 문장은 초급 영어 학습자도 give를 활용하여 어렵지 않게 만들어 냅니다.

Give me a book.
제게 책을 주세요.

Give me a chance.
내게 기회를 주세요.

Give me your company's name.
제게 귀하의 회사 이름을 말씀해 주세요.

Give me the message.
제게 메시지를 전해 주세요.

하지만 give 또한 다른 동사들과 마찬가지로, give가 어떤 대상(목적어)과 함께 쓰이는지를 아는 것이 중요합니다. give의 대상은 **형체가 있는 것뿐만 아니라 추상적인 것까지**, 즉 **모든 것**입니다. 그 범위가 너무 넓어다 암기할 수 없기 때문에 흔히 give와 짝지어서 쓰이는 표현을 몇 가지 범주로 분류하여 아래 표에 정리해 두었습니다. 이중에서도 '표정' 그리고 '말/정보' 표현들과 특히 잘 어울려서 쓰이니, 이 표현들을 여러 번 쓰면서 내 것으로 만들어 보세요.

소리/소음	a cry, a laugh, a scream, a shout, a whistle
표정	a smile, a grin, a look, a glance
물리적 공격	a kick, a punch, a slap, a push, a knock, a blow
말/정보	some advice, an answer, some information, a lecture, some news, a report, a speech, a talk, a warning, an idea , an example, a reason

● 그녀는 나에게 미소를 지었다.

● 그녀는 나에게 미소를 **주었다**.

➡ She **gave** me **a smile**.

● 그는 내 다리를 걷어찼다.

● 그는 나에게 다리에 발길질을 **주었다**.

➡ He **gave** me **a kick** in the leg.

● 나는 내일 회의에서 연설해야 한다.

● 나는 내일 회의에서 연설을 **주어야** 한다.

➡ I have to **give a speech** at the meeting tomorrow.

저 분류에는 들어가지 않지만, give와 짝지어 쓰는 표현 중 일상에서 정말 많이 쓰는 표현 두 개도 추가로 알아 두세요. 바로 give a ride(태워 주다)와 give birth(낳다, 출산하다)입니다.

🔵 저는 그녀를 회사로 태워다 줬어요.

🇺🇸 저는 그녀에게 회사로 차 타기를 **주었어요**.

→ I **gave** her **a ride** to work.

🔵 그녀는 작년에 아들을 낳았다.

🇺🇸 그녀는 작년에 그녀의 아들에게 태어남을 **주었다**.

→ She **gave birth** to her son last year.

여기서 하나 더 짚고 넘어가고 싶은 것은, '명사'를 강조하는 영어의 특징에 관해서입니다. give가 그러한 특징을 잘 보여 주는 대표적인 단어 중 하나죠. 무슨 말인지 예를 들어 설명하자면, 앞에 나온 '그녀는 나에게 미소를 지었다'의 경우 She smiled at me.라고 해도 됩니다. 그런데 smile 같은 단어는 동사로도 쓰이고 명사로도 쓰이며 어떤 '동작'을 나타냅니다. give가 이렇게 '동작의 의미가 있는 단어'를 목적어로 가져갈 때는 그 목적어가 나타내는 '동작을 하다'라는 의미가 되죠. 즉, give의 원래 의미인 '주다'의 개념은 상당히 약화됩니다. 하지만 영어는 이렇게 '동사+명사' 형태를 써서 '명사'를 강조하는 동시에 '(명사)하다'라는 의미의 표현을 많이 씁니다. 그리고 이러한 역할을 하는 동사로는 give 뿐만 아니라 have, make, take, get 등이 있습니다. 우리의 목표는 이러한 영어식 사고를 익혀서 자연스러운 영어 표현을 하는 것이므로 책의 예문을 여러 번 읽어 내 것으로 만드세요.

구동사 표현
GIVE가 들어간 핵심 구동사 표현

마지막으로, 영어 원어민이 일상에서 자주 쓰는 give가 들어간 구동사를 몇 개 소개하겠습니다. 앞서 말했듯이, 구동사는 구동사를 이루는 요소들의 기본 의미를 바탕으로 그 뜻을 유추할 수 있는 것도 있고 그렇지 않은 것도 있습니다. 구동사의 뜻을 무작정 외우는 것보다는 동사와 전치사/부사의 의미를 생각하면서 구동사의 뜻을 이해해 보는 것이 효과적이므로, 지금부터 소개하는 구동사들도 그런 방식으로 뜻을 이해하려 노력해 보세요.

- **give up** 포기하다, 그만두다

  I gave up caffeine. 저는 카페인을 끊었어요.

- **give away** 거저 주다, 나누어 주다

  They are giving away free ice cream today.
  그들은 오늘 무료 아이스크림을 나눠 줍니다.

- **give in** 양보하다, 지고 들어가다

  Give in when you need to.
  당신이 양보해야 할 때는 양보하세요.

❶ 그녀는 내게 손을 내밀었다.

그녀는 내게 자기 손을 주었다.

➡ She _____ me her _____.

---

❷ 그냥 (내게) 이유를 말해 봐. (the reason)

그냥 나에게 이유를 줘 봐.

➡ Just _____ _____ _____ _____.

---

❸ 제가 내일 당신에게 답을 할게요.

제가 내일 당신에게 그 답을 줄게요.

➡ I'll _____ you _____ _____ tomorrow.

---

❹ 그 여자가 내 정강이를 걷어찼어. (shin)

그 여자가 나에게 정강이에 발길질을 주었어.

➡ She _____ me a _____ on the _____.

5 그는 동료들에게 공을 돌렸다. (credit, coworkers)

그는 자기 동료들에게 공(인정)을 주었다.

➡   He _____ _____ _____ his _____ .

---

6 그녀가 그에게 화난 표정을 지어 보였다.

그녀는 그에게 화난 표정을 주었다.

➡   She _____ him an _____ _____ .

---

7 예를 들어 줄래요? (example)

당신은 예를 줄 수 있을까요?

➡   Can you _____ _____ _____ ?

---

8 상사는 최근에 나에게 구두로 경고했다. (warning)

상사는 최근에 나에게 구두 경고를 주었다.

➡   My boss recently _____ _____ a verbal _____ .

MP3를 듣고 각 문장을 따라 말해 보세요. 쓰고 말할 수 있어야 내 것이 됩니다.

MP3 009

1 저에게 기회만 주신다면 제가 그걸 해낼 수 있습니다. (a chance)

➡ I can do it if you just _____ .

----

2 나는 커피와 술을 다 끊기로 결심했다. (both)

➡ I decided to _____ coffee _____ alcohol.

----

3 그녀는 악수하기 위해 그에게 손을 내밀었다.

➡ She _____ to shake.

----

4 이거 저한테 주시는 거예요, 아니면 빌려만 주시는 거예요? (it)

➡ Are you _____ or only _____ ?

----

5 저에게 몇 분만 더 주세요. 그럼 준비하겠습니다. (a few)

➡ Just _____, and I'll be ready.

----

6 그녀는 나를 재빨리 휙 훑어보았다. (glance)

➡ She _____ me _____.

----

7 그 고객에 관한 정보를 좀 저에게 주십시오.

➡ Please _____ about the client.

----

8 저희 가게에서는 무료로 음료수 한 캔을 모두에게 나눠 주고 있습니다! (to)

➡ Our store _____ a free can of soda _____!

MP3를 듣고 각 문장을 따라 말해 보세요. 쓰고 말할 수 있어야 내 것이 됩니다.

MP3 010

동사 잡기 05 | **GIVE**

KEEP

KEEP의 개념
습관적으로, 혹은 꽤 긴 시간 동안 '유지하다'

동사 keep의 기본 개념은 **어떤 동작이나 상태를** '비교적 긴 시간 동안 유지하다'입니다. 이것을 알면 keep이 '보존하다', '간직하다'라는 의미를 갖는 이유도 쉽게 이해할 수 있을 거예요. 그런데 keep은 상황에 따라 그 뉘앙스를 딱 떨어지게 전달하는 한국어 말이 없어서, 한국 학습자들이 친숙하게 여기면서도 실제로는 잘 활용하지 못하는 동사이기도 합니다.

keep은 일회성 동작이 아니라 여러 번 반복해서 일어남을 나타냅니다. 이해를 돕기 위해 '일기 쓰다'를 예로 들어 설명해 볼게요. '일기 쓰다'는 영어로 keep a diary입니다. '쓰다'는 write인데 왜 write a diary라고 하지 않을까요? write a diary는 '일회성으로 한 번 쓰다'라는 뜻입니다. 하지만 일기는 매일의 기록이죠. 일기장에 쓰는 행위가 반복적으로 일어나는 것이므로 이 **동작의 반복**을 강조하려고 영어 원어민이 선택한 동사가 keep입니다. keep을 통해 일기를 쓰는 동작이나 상태가 반복, 유지됨이 표현됩니다.

그럼 이와 연관된 질문을 하나 드릴게요. be safe와 keep safe의 의미 차이는 무엇일까요? 앞에서도 말했지만, **keep에는 '반복된 동작이나 상태가 오랫동안 지속되다'**라는 의미가 있습니다. 예를 들어, be safe와 keep safe의 차이는 **태도를 유지하는 '기간'**에 있어요. be safe는 '한순간'이지만, keep safe는 '안정된 상황에 두고, 그 상태를 계속 유지하라'는 의미까지 포함합니다.

이러한 keep의 개념을 예문을 보면서 더 자세히 알아보겠습니다.

1 상태의 유지

keep 뒤에 목적어로 명사가 오면 '(명사)를 유지하다'라는 의미가 되고, 형용사가 오면 '(형용사)한 상태를 유지하다'라는 의미가 됩니다.

❶ keep+명사

keep the change 거스름돈(잔돈)을 갖다

keep a promise 약속을 지키다

keep an eye on ~을 계속 지켜보다

● 거스름돈은 가져.

▥ 거스름돈을 (가진 상태를) **유지해.**

➡ **Keep** the change.

● 내가 한 약속을 지킬게.

▥ 나는 약속을 (깨지 않은 상태로) **유지할게.**

➡ I will **keep** my promise.

● 아이들을 잘 지켜보셔야 해요.

▥ 당신은 아이들에 붙인 당신의 눈(시선)을 **유지해야** 해요.

➡ You have to **keep** an eye on your kids.

❷ keep+형용사

keep safe 안전한 상태를 유지하다

keep quiet 조용한 상태를 유지하다

keep calm 침착한 상태를 유지하다

그런데 위의 'keep+형용사'와 함께 반드시 알아 두어야 하는 것이 바로 keep+목적어+형용사/p.p.입니다. 흔히 5형식 문장이라고 배우는 이 형태의 표현은 굉장히 빈번하게 쓰입니다. 알아 두면 굉장히 요긴하므로 예문을 통해 익히고 넘어가도록 하죠.

Keep the door **locked**. 문을 잠그고 있어.
〈'문을 잠가둔 상태로 유지하다'로 보면 됩니다.〉

Keep yourself **healthy**. 건강하세요.
〈'너를 건강한 상태로 유지하다'로 보면 됩니다.〉

Keep your voice **even**. 목소리에서 평정을 유지하세요.
〈'목소리를 평평한 상태로 유지하라'로 보면 됩니다.〉

2 **동작의 반복**

흔히 'keep+동사ing'로 **같은 행동을 반복하는 것**을 표현합니다. 상태의 유지는 어떤 상태를 중단하는 시간 없이 지속하는 것이고, '동작의 반복'은 어떤 행동을 여러 번 반복하는 것이 다릅니다.

You **keep saying** sorry for no reason.
당신은 이유 없이(괜히) 자꾸 미안하다고 하네요.

I hope you'll **keep going**.
나는 네가 계속하기를 바라.
〈여기서 keep going은 '계속 가는 것'이 아니라 '하던 일을 계속하는 것'이라는 비유적 표현입니다.〉

I **keep forgetting** to turn off the lights.
전 불 끄는 것을 자꾸 잊어요.

꼭 알아 두어야 하는 **KEEP** 표현

마지막으로, 일상에서 자주 접하게 되는 유용한 keep 관련 표현들을 알아보겠습니다.

- **keep up with** ~을 (계속해서) 따라잡다

  I can't **keep up with** these changes.

  저는 이런 변화들을 못 따라가겠어요.

- **keep _A_ from _B_** A가 B하지 못하도록 계속해서 애를 쓰다

  You have to **keep** pickpockets **from** stealing your wallet.

  당신은 소매치기들이 지갑을 훔쳐가지 못하게 해야 한다.

- **keep in mind** 명심하다 〈'마음속에 유지하다'로 생각하세요.〉

  Keep in mind that I'm always proud of you.

  내가 항상 널 자랑스러워한다는 것을 명심하렴.

- **keep in touch** 계속 연락하고 지내다

  〈'손에 닿을 수 있는 거리를 유지하다'로 이해하세요.〉

  Let's **keep in touch**! 계속 연락하고 지내자!

- **keep out of** 들어오지 못하게 하다

  〈'어떤 건물 밖으로 나간 상태를 유지하다'로 이해하세요.〉

  Keep him **out of** here! 그가 여기 들어오지 못하게 해!

① **나는 영어로 일기를 쓴다.**

나는 영어로 일기 쓰는 행동을 유지한다.

➡ I ＿＿＿＿＿＿ ＿＿＿＿＿＿ ＿＿＿＿＿＿ in English.

＿＿

② **잔돈은 가지세요.**

잔돈을 가진 상태를 유지하세요.

➡ Please ＿＿＿＿＿＿ the ＿＿＿＿＿＿ .

＿＿

③ **왜 자꾸 그것에 대해 물어봐요? (about)**

왜 당신은 그것에 대해 물어보는 것을 반복하나요?

➡ Why do you ＿＿＿＿＿＿ ＿＿＿＿＿＿ ＿＿＿＿＿＿ that?

＿＿

④ **도서관에서는 조용히 해 주세요.**

도서관에서는 조용한 상태를 유지하세요.

➡ Please ＿＿＿＿＿＿ ＿＿＿＿＿＿ in the ＿＿＿＿＿＿ .

＿＿

❺ 약속을 지키는 게 그렇게 어려워?

너의 약속을 유지하는 것이 그렇게 어려워?

➡ Is it that hard to ＿＿＿＿＿＿ ＿＿＿＿＿＿ ＿＿＿＿＿＿?

-----

❻ 집에 혼자 있을 때 나는 문을 잠가 둔다.

집에 혼자 있을 때 나는 문을 잠근 상태를 유지한다.

➡ I ＿＿＿＿＿＿ ＿＿＿＿＿＿ ＿＿＿＿＿＿ ＿＿＿＿＿＿ when I'm alone at home.

-----

❼ 나는 냉장고 문 닫는 것을 자꾸 잊는다.

나는 냉장고 문 닫는 것을 잊기를 반복한다.

➡ I ＿＿＿＿＿＿ ＿＿＿＿＿＿ to ＿＿＿＿＿＿ the fridge door.

-----

❽ 문 옆에 있는 남자를 잘 지켜보세요.

문 옆에 있는 남자에게 눈(시선)을 유지하세요.

➡ ＿＿＿＿＿＿ your ＿＿＿＿＿＿ ＿＿＿＿＿＿ the man near the door.

MP3를 듣고 각 문장을 따라 말해 보세요. 쓰고 말할 수 있어야 내 것이 됩니다.

MP3 011

❶ 난 너랑 계속 연락하고 싶어. (with)

➡ I want to _____ .

----

❷ 우리는 아무 말도 안 하고 계속 걷기만 했어. (just)

➡ We said nothing and _____ .

----

❸ 나는 최신 유행을 못 따라가겠어. (latest, trends)

➡ I can't _____ .

----

❹ 새로운 소식을 계속 알려 드리겠습니다. (posted, developments)

➡ I'll _____ on any new _____ .

----

5 당신의 아기를 잘 지켜보셔야 해요.

➡ You have to _____ .

---

6 모든 게 내 잘못인 것 같아서 나는 계속 미안하다고 말했어. (fault)

➡ I _____ because I felt like everything was
_____ .

---

7 조만간 부동산 가격이 떨어질 수 있다는 것을 명심하세요. (property prices)

➡ _____ may fall soon.

---

8 다음은 코로나 바이러스를 여러분의 집에 들어오지 못하게 하기 위한 몇 가지 청소 팁입니다.
(cleaning tips, to부정사)

➡ Here are some _____ coronavirus
_____ your home.

MP3를 듣고 각 문장을 따라 말해 보세요. 쓰고 말할 수 있어야 내 것이 됩니다.
MP3 012

PUT

PUT의 개념
**사물뿐만 아니라 사람 및 사람의 감정, 시간이나 노력, 돈 등을
어디에 '두다/놓다'**

먼저 아래 문장을 읽어 볼게요.

Put the boxes down there.

'상자들을 저기 아래쪽에 두십시오'라고 저 문장을 해석하지 못하는 사
람은 거의 없을 거예요. 문장에 나온 동사 put의 기본 의미는 어떤 것을
다른 장소나 위치에 '두다/놓다'입니다. 단, 놓긴 놓되 **어디에 놓았는지,
어떤 상태에 가져다 놓았는지**는 뒤에 나오는 '전치사'를 보고 파악할 수
있습니다.

영어 원어민은 **사물만이 아니라 사람도 '어떤 위치나 장소에 둔다'**고 생
각합니다. 시간이나 노력, 돈 등을 투입하는 것도 '~(안)에 시간/노력/돈
을 놓다'라고 여기며, 심지어 **사람의 감정도 '어떤 상태에 가져다 놓다'**라

고 인식하죠. 재미있게도, 영어 원어민은 '글쓰기'마저 put의 대상으로 봅니다. **영어식 사고로는 '(종이에) 기입하다', '(글자를) 쓰다'가 '글자를 종이에 내려 놓는' 행위**로 인식되는 것 같습니다. 이제 예문을 보면서 put의 쓰임새를 자세히 살펴보겠습니다.

- 우리는 어머니를 병원에 입원시켜야 했다.
- 우리는 어머니를 병원 안에 **놓아야** 했다.
  ➡ We had to **put** our mother **in** the hospital.

- 나는 그 신규 프로젝트에 많은 시간을 쏟았다.
- 나는 그 신규 프로젝트 안에 많은 시간을 **놓았다.**
  ➡ I **put** a lot of time **into** the new project.

- 네 자신을 위험에 빠뜨리지 마.
- 네 자신을 위험한 상황에 **두지** 마.
  ➡ Don't **put** yourself **at** risk.

- 그것은 나를 힘든 상황에 처하게 했다.
- 그것은 나를 힘든 상황 속에 **두었다.**
  ➡ It **put** me **in** a tough situation.

- 그 사건으로 그녀는 기분이 좋지 않았다.
- 그 사건은 그녀를 나쁜 기분 속에 **가져다 놓았다.**
  ➡ The incident **put** her **in** a bad mood.

- 여기에 당신의 이름과 주소를 기입하세요.
- 여기에 당신의 이름과 주소를 **놓으세요.**
  ➡ **Put** your name and address here.

PUT이 들어간 핵심 구동사 표현

put이 들어간 수많은 구동사 중 일상에서 자주 쓰이는데 의외로 한국인 학습자들이 잘 모르거나 제대로 쓰지 못하는 표현을 세 개 소개하겠습니다.

- **put off** 미루다, 연기하다

Let's **put off** the meeting until tomorrow.

회의를 내일로 연기합시다.

〈'정해진 일정에서 떼서(off) 다른 날짜에 두는' 것으로 이해하면 쉽습니다.〉

- **put through** (누구에게) 어려움을 당하게 하다

You **put** me **through** a lot.

당신은 나에게 많은 시련을 겪게 했지.

〈'통과하여'라는 through의 뜻에 중점을 두고 생각하면 '어려움에 나를 두고 통과하게 했다' 라는 예문의 의미를 유추하는 것이 어렵지 않을 거예요.〉

- **put across (to)** (누구에게) 이해시키다, 받아들이게 하다

I tried to **put** my point **across to** her.

나는 그녀에게 내 요점을 이해시키려고 애썼다.

〈across에는 '가로질러', '~쪽으로', '건너편에'라는 뜻이 있습니다. '중요한 점을 그녀 쪽으로 혹은 그녀가 있는 건너편에 가져다 두는 것'으로 예문의 의미를 생각하면 이 구동사의 뜻을 쉽게 이해할 수 있습니다.〉

keep *vs.* put

한국에서 영어를 배우는 우리는 별로 궁금하게 생각하지 않지만, 영어권에서 영어를 배우는 ESLEnglish as a Second Language 학습자들이 의외로 많이 헷갈려서 자주 하는 질문 중 하나가 동사 keep과 put의 차이입니다. keep과 put은 공통적으로 '무엇을 어디에 두다'라는 의미를 가지고 있기 때문에 두 동사의 정확한 뉘앙스 차이를 궁금해하는 사람이 많습니다. 아래 예문들을 살펴보면서 keep과 put의 차이를 확실하게 알아봅시다.

keep	**put**
긴 시간 동안, 혹은 습관적으로 이루어지는 일	짧은 시간 동안, 혹은 임시로 이루어지는 일

We **keep** the milk in the refrigerator.
우리는 우유를 냉장고에 보관합니다. 〈우유는 '항상' 냉장고에 보관〉

We **put** the milk in the refrigerator.
우리는 우유를 냉장고에 넣었습니다. 〈언급하는 '그 우유'에 한하여 냉장고에 넣었음〉

Keep these books on the table.
이 책들은 탁자 위에 두세요. 〈책들의 자리는 '항상 탁자 위'임을 나타냄〉

Put these books on the table.
이 책들을 탁자 위에 놓으세요. 〈책들을 '일단은' 탁자 위에 두라는 의미〉

Where do you **keep** your clothes?
어디에 당신 옷을 보관하나요? 〈항상 옷을 보관해 두는 장소〉

Where did you **put** my dress?
내 드레스를 어디에 뒀어요? 〈언급하는 '내 드레스'를 둔 장소〉

I **keep** a diary.
저는 일기를 씁니다. 〈일기를 쓰는 행위가 매일 반복됨〉

I **put** it in my diary.
저는 그 일을 일기장에 써 놨어요. 〈일회성으로 무언가를 일기장에 적어 놓았음을 의미〉

① 내 커피에 설탕 넣었니? (in)

너 내 커피 안에 설탕을 두었니?

➡ Did you _____ _____ _____ my coffee?

----

② 봄은 당신을 기분 좋게 할 수 있어요.

봄은 당신을 좋은 기분 속에 놓을 수 있어요.

➡ Spring can _____ you _____ a _____

_____ .

----

③ 서류에 당신의 이름을 기입했나요?

당신은 그 서류에 당신의 이름을 놓았나요?

➡ Did you _____ _____ _____ on the paper?

----

④ 너는 아이들을 몇 시에 재우니? (kids, to)

너는 네 아이들을 몇 시에 침대로 가도록 놓니?

➡ What time do you _____ _____ _____

_____ _____ ?

▶ 정답 183p

5 나는 그것에 많은 시간과 돈을 들였어.

나는 그 안으로 많은 시간과 돈을 두었어.

➡ I ＿＿＿＿＿＿ a lot of time and ＿＿＿＿＿＿ ＿＿＿＿＿＿ it.

---

6 그들은 아픈 자녀를 병원에 입원시켰다.

그들은 그들의 아픈 자녀를 병원 안에 두었다.

➡ They ＿＿＿＿＿＿ their sick child ＿＿＿＿＿＿ the hospital.

---

7 나는 너를 위험에 빠뜨리고 싶지 않아. (in, danger)

나는 너를 위험 속에 두고 싶지 않아.

➡ I don't want to ＿＿＿＿＿＿ ＿＿＿＿＿＿ ＿＿＿＿＿＿ ＿＿＿＿＿＿ .

---

8 폭풍우 때문에 우리는 그 콘서트를 연기해야 했다.

폭풍우 때문에 우리는 그 콘서트를 정해진 일정에서 떼서 (다른 날짜에) 둬야 했다.

➡ Because of the storm, we had to ＿＿＿＿＿＿ ＿＿＿＿＿＿ ＿＿＿＿＿＿ ＿＿＿＿＿＿ .

MP3를 듣고 각 문장을 따라 말해 보세요. 쓰고 말할 수 있어야 내 것이 됩니다.

MP3 013

❶ 그 책을 탁자 위에 놓으세요.

➡ _____ the table.

----

❷ 그는 자기 어머니를 양로원에 입소시켰다.

➡ He _____ a nursing home.

----

❸ 쉼표를 하나 잘못 쓰셨어요. (a comma, in)

➡ You've _____ place.

----

❹ 음료와 간식은 고객들의 기분을 좋게 할 수 있어요. (customers)

➡ Beverages and snacks can _____ .

----

5 오늘 할 수 있는 것을 절대 내일로 미루지 마세요. (until)

➡ Never _____ tomorrow what

_____ .

---

6 그녀는 남들에게 자기 의견을 이해시키는 것을 그다지 잘하지 못한다. (views, others)

➡ She's not very good at _____ .

---

7 시간이 더 필요하면 손을 드세요. (up)

➡ _____ if you need more time.

---

8 그가 나를 힘든 상황에 빠뜨려서 나는 그를 안 좋아해. (in, situation)

➡ I don't like him because he _____ .

MP3를 듣고 각 문장을 따라 말해 보세요. 쓰고 말할 수 있어야 내 것이 됩니다.

MP3 014

01 실전 문제

아래 상자에서 알맞은 동사를 골라 주어진 우리말 문장을 영어로 써 보세요.

| keep | have | take | put | get | make | give |

1 내게 다시 한 번 기회를 줄래? (will, another)

➡ _____

2 국에 소금을 얼마나 넣어야 할까요? (how much, should)

➡ _____

3 나는 이번 주말에 중요한 약속이 있다. (appointment)

➡ _____

4 저녁 식사 후에 약 먹는 거 잊지 마. (after)

➡ _____

5 휴가 계획을 뭐라도 세웠니? (any)

➡ _____

6 그는 그녀에게 밝게 미소 지었다. (bright)

➡ _____

7 나는 남자친구가 나에게 거짓말을 할 때 화가 나. (upset, to)

➡ _____

8 서류 맨 위에 당신의 이름과 전화번호를 기재하세요. (at, the paper)

➡ _____

9 그는 자신의 태도를 바꾸기 위해 노력하고 있어. (an effort, to부정사, attitude)

➡ _____

10 내 보고서를 끝마치는 데 한 시간이 걸렸다. (to finish)

➡ _____

11 어떻게 하면 저의 고객들을 계속해서 만족시킬 수 있을까요? (how, satisfied)

➡ _____

12 어젯밤에 열이 있어서 부모님께서 나를 병원에 데려가셨다. (had, so)

➡ _____

13 그는 과제에 많은 시간과 노력을 쏟았다. (the assignment)

➡ _____

14 엄마는 화가 날 때면 똑같은 말을 반복하신다. (the same thing, whenever)

➡ _____

15 그 건물에는 큰 서점과 멋진 카페가 있다.

➡ _____

16 어떻게 하면 직장에서 좋은 평판을 얻을 수 있는지 너는 아니? (how, the workplace)

➡ _____

MP3를 듣고 각 문장을 따라 말해 보세요. 쓰고 말할 수 있어야 내것이 됩니다.

MP3 015

COME *vs.* GO

동사 come과 go를 모르는 사람은 없을 거예요. 그런데 come과 go의 차이를 제대로 알고서 쓰고 있나요? come은 상황에 따라 '가다'라는 의미가 되는데, 그렇다면 go와는 어떤 차이가 있을까요? 그동안 쉽게만 생각했던 come과 go의 쓰임을 이번에 다시 한 번 확인해 봅시다.

come

가다/오다

come은 대화 상황에서 **말하는 사람 또는 듣는 사람 중 하나가 상대방이 있는 방향으로 이동**하는 것을 의미합니다. 즉, 말하는 사람이나 듣는 사람이 있는 방향이나 장소로 간다/온다고 이야기할 때 come을 씁니다.

My cousin is coming to see me next week.
다음 주에 사촌이 나를 보러 온다. 〈my cousin이 말하는 사람 방향으로 이동〉

Can I come to your party, too?
저도 당신의 파티에 가도 될까요? 〈I가 듣는 사람 방향으로 이동〉

합의나 결론에 이르다

come은 전치사 to와 함께 쓰여 **'어떤 결론이나 합의에 도달함'**을 나타내기도 합니다. 다음은 그와 관련하여 항상 함께 붙어 다니는 표현으로,

영어권 사람들의 대화나 미드 등에서 자주 접할 수 있습니다.

We **came to** a compromise. 우리는 타협에 이르렀다.
We **came to** a decision. 우리는 결정을 내렸다.
We **came to** an agreement. 우리는 합의를 보았다.
We **came to** a conclusion. 우리는 결론을 지었다.

go

가다

go는 대화 상황에서 **말하는 사람과 듣는 사람 둘 다 현재 있지 않은 제 3의 방향이나 장소로 이동**하는 것을 말할 때 사용합니다. 즉, 말하는 사람이나 듣는 사람이 현재 있는 곳에서 다른 곳으로 간다고 이야기할 때 go를 씁니다.

Are you **going** to Bill's party? 빌의 파티에 갈 거야?
〈듣는 사람이 빌의 방향으로 이동 – 현재 둘 다 빌의 파티 장소에 없음〉

That man's **going** toward your car. Who is he?
저 남자가 네 차 쪽으로 가고 있어. 저 남자 누구야?
〈that man이 듣는 사람의 차 방향으로 이동 – 듣는 사람이나 말하는 사람 둘 다 현재 차 쪽에 없음〉

안 좋은 상태가 되다

go는 '**어떤 것이 좋지 않은 상태로 빠졌음**'을 나타낼 때도 사용됩니다. 다음 예문들에서처럼 음식이 상하거나 폐업을 하는 등 부정적인 상태에 이르게 되었음을 표현합니다.

They **went** bad. 그것들은 상했다.
They **went** bankrupt. 그들은 파산했다.
They **went** crazy. 그들은 미쳐버렸다.
They **went** missing. 그들은 실종되었다.
They **went** out of business. 그들은 폐업했다.

전치사 잡기
PREPOSITION

□
IN

□
ON

□
AT

□
UP

□
DOWN

□
OFF

□
OUT

□
FOR

□
WITH

영어 문장의 완성은
전치사에 달렸다!
전치사의 개념은
이미지화할 수 있다!

Part 2 　　　　　 전치사(PREPOSITION) 잡기

전치사는 한국어에 없는 품사입니다. 그래서 열심히 공부해도 제대로 쓸 줄
아는 한국인이 드물죠. 그런데 영어에서는 전치사를 잘못 쓰면 만들 수 있는
문장이 거의 없다고 해도 과언이 아닙니다. 그래서 전치사를 확실히 잡고 가
야 하죠. 전치사는 우리가 머릿속에 개념을 '이미지화하여' 이해할 수 있는 품
사이므로 그 개념을 머리에 시각화하면서 전치사를 공부해 보세요. 분명히 훨
씬 수월하게 개념을 파악할 수 있을 거예요.

IN/ON/ AT

장소(Place)

가장 많이 쓰이는 전치사로 in, on, at을 꼽을 수 있습니다. 이 세 전치사는 특히 '장소'와 '시간'을 나타낼 때 쓰이죠. 한국어로는 '~에'로 해석되는데, 기계적으로만 외우면 전치사가 표현하는 영어의 정확한 뉘앙스를 결코 알 수 없습니다. 이들이 각기 어떤 명사와 함께 쓰이는가를 비교해야 in, on, at의 개념을 제대로 이해하고, 자신 있게 사용할 수 있게 됩니다. 먼저, '장소'를 나타내는 in, on, at의 개념을 알아보겠습니다.

IN/ON/AT의 기본 개념
'공간·영역 안에' IN / '표면에 붙어 있는' ON / '특정 장소(점)에' AT

다음 예문과 그림을 보면서 '장소'를 나타내는 in, on, at의 개념을 이해해 봅시다.

I went to college **in** New York. 나는 뉴욕에 있는 대학에 갔다.

The college is **on** West Street. 그 대학은 웨스트 스트리트에 있다.

I worked part-time **at** a cafe. 나는 한 카페에서 아르바이트를 했다.

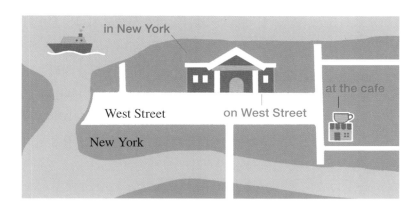

영어에서는 국가나 도시, 마을과 같은 장소에 무엇이 있다고 할 때 '~안에'라는 뜻의 전치사 in을 씁니다. 어떤 **공간·영역 속에** 있음을 표현하는 것이죠. 그리고 영어 원어민은 길이나 도로와 같은 장소를 '면'으로 인식합니다. 길 위에 무엇이 있다는 것을, 그들은 무엇이 길 **표면에 붙어 있다**고 느끼는데, on은 그 느낌을 정확히 나타내는 전치사입니다. 마지막으로, 영어 원어민은 '어디에'라고 **특정 장소를 포인트(점)로 집어서** 표현할 때 at을 씁니다. 이것이 '장소'에 적용되는 in, on, at의 기본 개념입니다.

IN/ON/AT의 선택
장소의 개념에 맞는 전치사 선택하기

전치사를 정말 제대로 쓰려면 전치사는 상대적이라는 사실부터 알아야 합니다. 이 말을 in, on, at에 적용해 보자면, 말하는 사람이 **어디를 표현하고 싶은지에 따라서 동일한 장소를 in으로, on으로, 그리고 at으로도 표현할 수 있다**는 뜻입니다. 예를 들어서 설명하겠습니다.

We can eat it in the restaurant or in the car.
우리는 그것을 식당(안)이나 차(안)에서 먹을 수 있습니다.

I'll meet you at the restaurant.
그 식당에서 만나요.

첫 번째 문장과 두 번째 문장의 차이는 무엇일까요? 식당(restaurant)이나 차(car)는 둘 다 '장소'입니다. 그런데 첫 번째 문장에서는 그 앞에 in을 썼습니다. 말하는 사람이 '식당과 차라는 장소 안에서' 먹을 수 있다는 사실을 말하고 싶어하기 때문입니다. 하지만 두 번째 문장에서는 at을 썼죠. 첫 번째 문장과 동일하게 '식당'이라는 장소를 말하고 있지만, 말하는 사람이 수많은 식당 중에 콕 집어 가리키는 한 장소(점)로서 '그 식당'을 생각하고 있기 때문에 at으로 표현한 것입니다. 이해를 더 돕기 위해 다른 예도 살펴볼게요.

I was lying on my bed.
저는 침대에 누워 있었어요.

I was sitting at the end of my bed.
저는 제 침대 끝에 앉아 있었어요.

두 문장 다 장소는 '내 침대(my bed)'이지만, 첫 번째 문장은 침대의 '표면 위에' 눕는 것이라서 전치사 on을 썼습니다. 하지만 두 번째 문장은 '침대 끝'이라는 특정 장소(점)를 강조하고 있습니다. 그래서 at을 썼죠. 이처럼 같은 장소여도 중점을 두는 장소의 개념에 따라 쓰는 전치사가 달라집니다.

전치사 in, on, at이 주로 어떤 장소와 연결되어 쓰이는지 옆 페이지의 표를 보고 구체적으로 정리해 봅시다.

◆ '장소'의 IN/ON/AT

IN		ON		AT	
TERRITORY	영역	**A SURFACE**	표면	**A POINT**	어느 지점
in London	런던에(서)	on the street	길에	at the door	문에
in Europe	유럽에(서)	on the table	식탁에	at the traffic light	신호등에(서)
in the world	세계(속)에	on the carpet	카펫에	at the crossroads	교차로에(서)
		on the roof	지붕에		
A 3D SPACE 3D 공간		**FLOOR** ~층		**THE TOP/BOTTOM/END OF** 위/바닥/끝	
in the bag	가방(안)에	on the first/fifth floor 일층에/오층에		at the top of the stairs 계단 위에(서)	
in the classroom	교실(안)에			at the bottom of the page 페이지 하단에	
in a box	상자(안)에			at the end of the street 길 끝에(서)	
in the car	차(안)에				
PRINTED MATERIAL 인쇄물		**RIGHT/LEFT** 오른쪽/왼쪽		**SHOPS** 가게	
in a book	책(안)에	on the right/left	오른쪽에/왼쪽에	at a bakery	빵집에(서)
in the newspaper	신문(안)에			at a cafe	카페에(서)
				at the drugstore	약국에(서)
		PUBLIC TRANSPORT 공공 교통수단			
		on the bus	버스에(서)		
		on the train	기차에(서)		
		on the plane	비행기에(서)		
		MEDIA 매체			
		on TV	TV에		
		on the internet	인터넷에		
		on a website	웹사이트에		

❶ 그 식당은 가로수길에 있어요.

붙어 있음 – 가로수길에 붙어 있는 식당

➡ _____ _____ is _____ Garosu-gil.

_____

❷ CGV에서 너를 기다릴게.

특정 장소 – CGV라는 특정 지점

➡ I'll _____ for you _____ CGV.

_____

❸ 벽에 아주 큰 그림이 있다.

붙어 있음 – 벽면에 붙어 있는 그림

➡ There is a very big picture _____ _____ _____ .

_____

❹ 아빠는 앞뜰에서 잔디를 깎고 있어. (mowing)

공간·영역 – 앞뜰이라는 공간 안에 있음

➡ My father _____ _____ the grass _____ the front yard.

_____

5 왼쪽에서 에펠 탑을 보실 수 있습니다.

붙어 있음 – 듣는 사람의 왼쪽 측면에 에펠 탑이 있음

➡ You can _____ the Eiffel Tower _____ your _____.

---

6 나는 집 근처 빵집에 있어. (the bakery)

특정 장소 – 집 근처에 위치한 특정 지점인 빵집

➡ I'm _____ _____ _____ near my house.

---

7 그곳은 대전에 있는 지역 병원이야. (it)

공간·영역 – 대전이라는 지역 안에 있는 병원

➡ _____ is a local hospital _____ Daejeon.

---

8 문에 누군가가 있는 것 같아. (someone)

특정 장소 – 문이라는 특정 지점

➡ I think there's _____ _____ the door.

MP3를 듣고 각 문장을 따라 말해 보세요. 쓰고 말할 수 있어야 내 것이 됩니다.

MP3 016

❶ 전 비행기에서 그것을 빨리 읽었어요.

➡ I read it quickly _____ .

----

❷ 인터넷에는 많은 콘텐츠가 있습니다.

➡ There's a lot of content _____ .

----

❸ 신호등에서 급정지하지 마세요. (make)

➡ Don't _____ a sudden stop _____ .

----

❹ 5층에 푸드 코트가 있어.

➡ There's a food court _____ .

▶ 정답 185p

5 페이지 하단에 서명해 주세요. (sign)

➡ Please _____ of the page.

---

6 그 교실에는 모두가 들어갈 충분한 공간이 없었어요. (for everyone)

➡ There wasn't enough space _____ .

---

7 김 부장님은 지금 사무실에 안 계십니다. 나중에 다시 전화 주시겠어요?

➡ Mr. Kim is not _____ . Could you
call back later?

---

8 우리 가족은 삼성로에 있는 한 아파트에서 살았다. (Samseong Street)

➡ My family _____ an apartment _____ .

MP3를 듣고 각 문장을 따라 말해 보세요. 쓰고 말할 수 있어야 내 것이 됩니다.

MP3 017

IN/ON/ AT

시간(Time)

앞에서는 '장소'에서의 in, on, at에 관해 배웠습니다. 이번에는 '시간'을 나타내는 in, on, at에 관해 살펴보겠습니다. 세 전치사 모두 한국어로는 '~에'로 해석되지만, 각 전치사가 어떤 시간 단위와 짝지어 쓰이는지 제대로 알지 못하면 잘못 쓰기 쉽습니다. '시간'을 표현할 때 쓰는 전치사 in, on, at의 개념을 이번에 확실하게 잡아 보도록 할게요.

IN의 기본 개념
'달'을 포함해, 긴 시간 단위에 쓰이는 IN

머릿속에 달력을 떠올린 후, 달력을 넘겨서 12월로 가 봅시다. '12월에'는 영어로 in December이라고 하는데, 이렇듯 '달(month)' 앞에는 전치사 in이 나옵니다. 영어에서는 '달'을 기준으로, '달 이상의 긴 범위의 시간에'를 in으로 나타냅니다. 즉, 달, 계절, 연도, 세기 등의 시간 단위 앞에 in이 쓰여 '(해당하는 시간 안)에'라는 의미를 표현하는 것이죠.

달

in December 12월에

in June 6월에

in May 5월에

계절

in the spring 봄에

in the summer 여름에

연도

in 1998 1998년에

in 2021 2021년에

십 년 이상/세기

in the 90s 90년대에

in the 20th century 20세기에

ON의 기본 개념
'요일', '날짜', '날' 단위에 쓰이는 ON

이제 on을 살펴보겠습니다. on은 달력 표면에 붙어 있어서 체크할 수 있는 '날(day)'과 함께 쓰입니다. 즉, 날, 날짜, 요일의 시간 단위 앞에 on을 써서 '(해당하는 날)에'라는 의미를 표현합니다.

요일

on Monday 월요일에

on Saturday 토요일에

on May 20 5월 20일에

on June 15 6월 15일에

날

on my birthday 내 생일에

on Christmas Day 크리스마스에

on Halloween 핼러윈에

on our anniversary 우리 기념일에

AT의 기본 개념
'시간', '시각' 단위에 쓰이는 AT

마지막으로, at에 관해 알아보겠습니다. '하루'라는 시간은 어떻게 이루어져 있죠? 한 시간이 24개 모여 '24시간'을 이루면 이 단위를 '하루'라고 합니다. 이제 시간들이 표시된 둥근 시계를 떠올려 보고, 각 시간에 점을 찍어 봅시다. 이러한 **점에 해당되는 '(특정 시간)에'** 또는 어느 **'(특정 시각/순간)에'의 '~에'는 at**으로 표현합니다.

시간

at 5 o'clock 5시 정각에

at 10:30 10시 반에

at noon 정오에 (낮 12시에)

시각/순간

at lunchtime 점심시간에

at dinnertime 저녁시간에

at present 지금은, 현재는

at the moment 바로 지금

'하루'를 기준으로 할 때의 IN/ON/AT

지금까지 살펴본 in, on, at의 분류는 시간 단위의 기준을 '달(month)'로 잡았을 때입니다. 그렇다면 그 기준이 '하루(day)'라면 어떨까요? 지금부터는 하루를 기준으로 '아침에', '금요일 저녁에' 등의 '~에'를 어떤 전치사로 표현하는지 알아봅시다.

1 **하루의 때(Parts of the Day)**

하루 중 긴 범위의 시간인 '(아침, 오후, 저녁)에'의 '~에'는 in으로 나타냅니다. 그런데 '밤에'는 at night이라고 합니다.

in the morning 아침에

in the afternoon 오후에

in the evening 저녁에

at night 밤에

at midnight 한밤중에

〈밤 시간은 잠들면 눈 깜박할 새 지나가기 때문에 영어 원어민들은 '밤'을 점처럼 짧은 한 시점으로 인식합니다. 그러한 인식이 반영된 것이 at night, at midnight입니다.〉

2 **특정한 날의 때(Parts of a Specific Day)**

'(특정 요일의 아침, 오후, 저녁)에'의 '~에'는 on으로 표현합니다. 아침인지 점심인지보다는 '날(day)'이 기준이 됨을 기억하세요.

on Monday morning 월요일 아침에

on Friday evening 금요일 저녁에

on Saturday night 토요일 밤에

on Sunday afternoon 일요일 오후에

on Christmas morning 크리스마스 아침에

① 저녁 식사는 보통 7시에 해. (usually)

'특정 시간' 표현 – 7시라는 '특정 시간에'

➡　Dinner is ＿＿＿＿＿＿＿ ＿＿＿＿＿＿＿ 7 o'clock.

----

② 우리는 여름에 휴가를 길게 가져.

'달보다 긴 시간 단위'의 표현 – 여름이라는 '계절에'

➡　We have long vacations ＿＿＿＿＿ ＿＿＿＿＿＿ ＿＿＿＿＿.

----

③ 그 경기는 9시 45분에 시작해요.

'특정 시간' 표현 – 9시 45분이라는 '특정 시간에'

➡　The game ＿＿＿＿＿＿＿ ＿＿＿＿＿＿ 9:45.

----

④ 네 생일에 파티 할 거야?

'날'의 표현 – 너의 생일인 '날에'

➡　Are you ＿＿＿＿＿＿ a party ＿＿＿＿＿ your ＿＿＿＿＿?

----

5 우리는 21세기에 살고 있어.

'달보다 긴 시간 단위'의 표현 – '21세기라는 시간 (안)에'

➡ We are ＿＿＿＿＿＿ ＿＿＿＿＿＿ the 21st century.

---

6 아내는 토요일마다 필라테스 수업을 들어. (takes)

'요일'의 표현 – 매주 토요일이라는 '요일에'

➡ My wife takes a Pilates class ＿＿＿＿＿＿ ＿＿＿＿＿＿.

---

7 그는 콘서트가 끝날 때 거기 없었어요. (there)

'특정 시각(순간)' 표현 – 콘서트가 끝나는 그 '시각에'

➡ He wasn't ＿＿＿＿＿＿ ＿＿＿＿＿＿ ＿＿＿＿＿＿ ＿＿＿＿＿＿ of the concert.

---

8 1월 31일에 국제 회의가 있습니다.

'날짜'의 표현 – 1월 31일이라는 '날짜에'

➡ There is an international conference ＿＿＿ ＿＿＿＿＿＿ ＿＿＿.

MP3를 듣고 각 문장을 따라 말해 보세요. 쓰고 말할 수 있어야 내 것이 됩니다.

MP3 018

① 나는 지금 아무것도 안 하고 있어. (the moment)

➡ I'm not doing _____ .

----

② 저희 남편은 아침에 정말 일찍 일어나요. (gets)

➡ My husband _____ really early _____ .

----

③ 너 금요일 밤에 그 모임에 갈 거니? (the gathering)

➡ Are you going to _____ ?

----

④ 기차는 3시 정각에 출발하니까 늦지 마세요!

➡ The train _____ , so don't be late!

▶ 정답 185p

❺ 새해 전날의 그 불꽃놀이는 숨막힐 정도로 멋졌습니다. (breathtaking)

➡ The fireworks ＿＿＿＿＿＿＿＿＿＿＿＿＿ were ＿＿＿＿＿＿＿ .

＿＿＿＿＿＿＿＿＿＿＿＿＿＿＿＿＿＿＿＿＿＿＿＿＿＿＿＿

＿＿＿＿＿＿＿＿＿＿＿＿＿＿＿＿＿＿＿＿＿＿＿＿＿＿＿＿

❻ 이순신 장군은 16세기에 살았다. 그는 1545년에 태어났다. (born)

➡ Admiral Yi Sun-shin lived ＿＿＿＿＿＿＿＿＿＿＿＿＿ .
He was ＿＿＿＿＿＿＿＿ 1545.

＿＿＿＿＿＿＿＿＿＿＿＿＿＿＿＿＿＿＿＿＿＿＿＿＿＿＿＿

＿＿＿＿＿＿＿＿＿＿＿＿＿＿＿＿＿＿＿＿＿＿＿＿＿＿＿＿

❼ 나는 보통 크리스마스 날에 LA를 방문해.

➡ I usually visit LA ＿＿＿＿＿＿＿＿＿＿＿＿＿＿＿＿＿ .

＿＿＿＿＿＿＿＿＿＿＿＿＿＿＿＿＿＿＿＿＿＿＿＿＿＿＿＿

＿＿＿＿＿＿＿＿＿＿＿＿＿＿＿＿＿＿＿＿＿＿＿＿＿＿＿＿

❽ 저는 계약을 의논하러 점심시간에 고객을 만날 거예요. (see, lunchtime)

➡ I am going to ＿＿＿＿＿＿＿＿＿＿＿＿＿＿ to discuss the contract.

＿＿＿＿＿＿＿＿＿＿＿＿＿＿＿＿＿＿＿＿＿＿＿＿＿＿＿＿

＿＿＿＿＿＿＿＿＿＿＿＿＿＿＿＿＿＿＿＿＿＿＿＿＿＿＿＿

MP3를 듣고 각 문장을 따라 말해 보세요. 쓰고 말할 수 있어야 내 것이 됩니다.

MP3 019

IN/ON/ AT

그 외

지금부터는 '장소'와 '시간' 외의 어떤 상황에서 in, on, at이 쓰이는지 알아보겠습니다. 앞에서 배운 in, on, at의 기본 개념을 붙잡고 있으면 그다지 어렵지 않게 이해할 수 있을 거예요.

IN의 확장
'분야(일)', '일정 기간의 경과', '색/크기/형식(양식)'을 나타낼 때 쓰이는 IN

1 **분야(일):** ~에 있어서

in the industry나 in the field에서처럼 '(특정한 직종이나 분야)에 있어서'를 나타낼 때 in을 씁니다.

He is a recognized expert **in** the field.
그는 그 분야에서 인정받는 전문가입니다.

There will be an increase **in** sales.

매출이 증가할 것입니다.

She succeeded **in** opening the shop.

그녀는 가게를 여는 데 성공했습니다.

2 **일정 기간의 경과: ~후에/~동안**

영어는 시간을 '시점' 또는 '기간'으로 구분해서 표현합니다. 시간 앞에 나오는 전치사가 그 역할을 하는데요(110~113쪽 참조), in은 '시점'뿐만 아니라 '기간'을 나타내는 대표적인 전치사이기도 합니다. '기간'을 나타낼 때는 '~후에' 또는 '~동안'으로 해석되는데, 둘 다 **일정 기간이 지났음**을 나타내죠. 아래 두 예문을 봅시다. 각기 다른 해석이 달려 있지만, 두 문장 모두 in이 '**일정 기간이 지나고**'라는 개념임을 알 수 있을 거예요.

I'll be there **in** 50 minutes. 50분 후에 거기 도착해요.

〈50분이라는 기간이 지나면 도착함을 나타내고 있습니다.〉

A lot has changed **in** the last five years.

지난 5년간 많은 것이 바뀌었습니다.

〈'5년이라는 기간이 지나는 동안'으로 보면 됩니다.〉

3 **색/크기/형식(양식): ~색의/~사이즈의/~형식으로**

'~색의', '~사이즈의', '~형식으로'라는 의미를 나타낼 때도 in을 씁니다. 즉, 어떤 '**색의 범위 안에**', '**크기의 범위 안에**' 또는 어떤 일을 하는 데 요구되는 '**형식(양식) 안에**' 있음을 전달하는 것이죠.

The man **in** black didn't do anything.

검은색 옷을 입은 그 남자는 아무 짓도 하지 않았어요.

〈문장 뒤에 옷을 나타내는 단어 없이도, 'in+색깔'만으로도 문맥상 어떤 색상의 옷을 착용하고 있는지를 나타낼 수 있어요.〉

They didn't have the jacket **in** my size.

그들은 내 사이즈의 재킷을 갖고 있지 않았어요.

We should communicate **in** a written form.

우리는 서면으로 의사소통해야 합니다.

on의 기본 개념은 어떤 '(표)면에 붙어 있는' 것입니다. 그런데 이 on의 개념은 '시간'이나 '장소'뿐만 아니라 다양한 상황으로 확장하여 적용됩니다.

1 **목적지로 향하는 도중: ~에 가는 중(길)에**

영어 원어민은 '목적지로 이동하는 중'을 목적지로 가는 길에 붙어 있는 것이라고 생각합니다. 그리고 그 뉘앙스를 on을 통해 표현합니다.

I'm **on** my way home. 나는 집에 가는 길이야.

She is **on** her way to work. 그녀는 일하러 가는 중이다.

He is **on** his way to the market. 그는 시장에 가는 길이다.

2 **의존하는 대상: ~에 의지하여**

어떤 대상에 붙어 있다 보면 그 대상에게 영향을 받고 의존하게 됩니다. 영어에서는 어떤 **대상을 믿거나 의지(의존)함**을 on으로 표현합니다.

I count **on** him. 나는 그를 믿어요. (나는 그에게 의지해요.)

We can rely **on** his help. 우리는 그의 도움에 의지할 수 있습니다.

It depends **on** our effort. 그것은 우리의 노력에 달려 있습니다.

I'm **on** medication/a diet/a dialysis.
나는 약을 복용 중이다/다이어트 중이다/신장 투석 중이다.
〈약/다이어트 식단/신장 투석에 의존하고 있다'라는 것은 '~을 하는 중'이라고 볼 수 있습니다.〉

3 **대화나 이야기 전반에 깔린 주제: ~에 관해**

어떤 주제에 붙어 있다면 그 주제에 관해 깊게 알 수 있겠죠. 영어에서는 어떤 '주제에 관해' 심도 깊게 이야기 나누는 등의 행위를 표현할 때 on을 씁니다. 그렇다면 about과 on은 어떤 차이가 있을까요? 둘 다 '~에 관해'라는 뜻으로 쓰이는 전치사인데, about의 기본 개념은 '~주위에'입니다. 이 개념으로 본다면 about은 주제의 주변을 맴도는 것입니다. 따라서 about은 가볍게 이런저런 것을 살짝 다루는 정도의 '~에 관해'라는 의미임을 알 수 있겠죠.

He elaborated on/about the issue.
그는 그 이슈에 관해 (자세히/가볍게) 설명했다.

He advised me on/about my report.
그는 내 보고서에 관해 (진지하게/가볍게 이런저런) 충고를 했다.

He commented on/about the movie.
그는 그 영화에 관해 (진지하게/가볍게 이것저것) 언급했다.

4 돈을 쓰거나 잃는 대상: ~에, ~으로

돈을 쓰거나 잃는 대상을 나타낼 때도 전치사 on이 쓰입니다. 이 경우, '(표)면에 붙어 있는'이라는 기본 개념과 직접적으로 연결시키기는 조금 어려울 수 있습니다. 하지만 지갑에서 돈을 꺼내 어떤 대상에 계속 돈을 붙이는 모습을 그려 보세요. 그러면 이 on의 개념을 어렵지 않게 이해하게 될 거예요.

He spends a lot of money on clothes.
그는 옷에 돈을 많이 쓴다.

He lost a lot of money on the deal.
그는 그 거래로 많은 돈을 잃었다.

'온도/속도/최상급', '특정 순간에 하는 일', '공격 대상인 사람'을 나타낼 때 쓰이는 AT

지금까지 at의 기본 개념은 '특정한 점에'라고 배웠습니다. 이러한 at의 개념이 어떻게 확장하여 적용되는지를 살펴보겠습니다.

1 온도/속도/최상급: ~에(서)/~(속도)로/최소·최대

'점(눈금)'의 개념으로 표현할 수 있는 수치를 나타낼 때 at을 씁니다.

Water boils **at** 100C. 물은 섭씨 100도에서 끓어요.

Do it **at** the speed you want. 당신이 원하는 속도로 하세요.

It will take five minutes **at** most/least.
그것은 최대/최소 5분 걸릴 거예요.

2 특정 순간에 하는 일: ~하는 중인

'at+장소' 형태로 '특정 순간에 하는 일'을 나타낼 수 있습니다. 이때 주의할 점은 **장소 앞에 관사가 없어야 한다**는 것입니다.

The child is **at** school.
그 아이는 학교에 있습니다. (그 아이는 학교에서 수업 중입니다.)

I am **at** work. 전 일하고 있어요.

3 공격 대상인 사람: ~에게, ~를 향해

사람 앞에 at을 쓰면 **그 상대를 공격할 '특정한 점'으로 설정했다는 의도**를 전달할 수 있습니다. 바로 그 이유 때문에 yell(소리지르다) 같은 동사가 at과 함께 어울려 쓰이는 것이죠. 참고로, 전치사 to도 '~에게', '~를 향해'의 의미이지만, to는 '방향'을 나타낼 때 쓰입니다. to에는 공격의 뉘앙스는 없습니다.

He ran **at** me. 그는 나에게(공격하려고) 달려들었다.

He ran **to** me. 그는 나에게(내 쪽으로) 달려왔다.

He pointed **at** me. 그는 나에게 손가락질했다.

He pointed **to** me. 그는 나를(내가 있는 방향을) 가리켰다.

He laughed **at** me. 그는 나를 비웃었다.

I laughed **to** myself. 나는 혼자 웃었다. (내 자신을 향해 웃었다.)

❶ 내가 너를 믿어도 될까? (count)

의존하는 대상 – 너에게 붙어서 의지하다

➡ Can _____ _____ _____ you?

----

❷ 나 집에 가는 길이야.

목적지로 향하는 도중 – 집으로 가는 길에 붙어 있다

➡ I am _____ my way _____ .

----

❸ 그는 나에게 (공격하려고) 달려들고 있었다.

공격 대상인 사람 – 나를 공격할 '점'으로 설정하다

➡ He was running _____ _____ .

----

❹ 지난 5년간 크게 변한 게 없다.

일정 기간의 경과 – 5년이라는 시간이 지나는 동안

➡ Not much has _____ _____ the last 5 years.

----

5 내 친구는 나의 새로운 헤어스타일과 관련해 의견을 자세하게 밝혔다. (commented)

대화의 주제 – 내가 한 새로운 헤어스타일에 관해 자세히 언급하다

➡ My friend _____ _____ my new haircut.

---

6 그것은 소리의 속도로 이동할 수 있어. (the speed)

속도 – '소리의 속도'는 그 수치를 '점'의 개념으로 표현할 수 있다

➡ It can travel _____ _____ _____ of sound.

---

7 우리는 마케팅에 많은 돈을 쓰지 않습니다. (spend)

돈을 쓰는 대상 – 마케팅에 돈을 계속 붙이다

➡ We don't _____ a lot of money _____ _____ .

---

8 우리는 매출이 증가한 것을 보고 있다.

분야(일) – 매출 분야에서의 증가

➡ We are seeing an _____ _____ _____ .

MP3를 듣고 각 문장을 따라 말해 보세요. 쓰고 말할 수 있어야 내 것이 됩니다.

MP3 020

❶ 10분 후에 다시 전화 주시겠어요?

➡ Do you mind _____ me back _____?

----

❷ 만약 그들이 다이어트 중이면 그들은 샐러드를 먹어야 해.

➡ If they're _____, they should have the salad.

----

❸ 그것은 네가 무엇을 하고 싶으냐에 달렸지. (depends, what)

➡ It _____ you want to do.

----

❹ 그녀는 울었다고 나를 비웃었다.

➡ She _____ for crying.

----

5 그녀는 지금 흰 옷을 입고 있어. (dressed)

⇒ She's _____ now.

_____

_____

6 아마도 당신은 일하면서 무언가에 스트레스를 받을 것입니다. (something)

⇒ You will probably get stressed out _____.

_____

_____

7 그것은 서면이나 구두로 이루어질 수 있습니다. (done)

⇒ That can be _____ form or orally.

_____

_____

8 우리는 일주일에 책을 적어도 한 권은 읽어야 해요.

⇒ We should read _____ a week.

_____

_____

MP3를 듣고 각 문장을 따라 말해 보세요. 쓰고 말할 수 있어야 내 것이 됩니다.

MP3 021

시점 전치사
vs. 기간 전치사

in/on/at에서 짧게 다뤘던 '시점 및 기간 전치사'에 관해 더 자세히 알아보겠습니다. 영어는 '시점'과 '기간'을 명확히 구분하는 언어입니다. 이 두 전치사의 차이를 이해하고 있어야 한국어와는 다른 영어의 시제를 정확하게 구사할 수 있게 됩니다.

그렇다면 시점 전치사와 기간 전치사는 어떤 점이 다를까요? 시점 전치사는 on Monday나 in July처럼 주로 **전치사 뒤에 '정확한 날짜나 시간, 월, 연도'**가 나옵니다. 하지만 after lunch처럼 '특정 시점'이 나오는 경우도 있습니다. 어느 쪽이든 **'시점'이 중요**합니다. 반면에, 기간 전치사는 **'기간'이 중요**합니다. in three years, for two months처럼 **'숫자로 나타나는 기간'** 또는 during winter vacation처럼 **'숫자로 표현되지 않는 기간'**을 나타냅니다.

이제 대표적인 시점 전치사와 기간 전치사를 알아보고 각 전치사를 예문과 함께 익혀봅시다.

시점 전치사

in/on/at ~에

in 2012, **in** summer, **in** July 2012년에, 여름에, 7월에

on Monday, **on** May 22 월요일에, 5월 22일에

on my birthday 내 생일에

at 3 o'clock 3시에

from ~부터

The warranty always starts **from** the date of purchase.
보증은 언제나 구매일로부터 시작됩니다.

since ~이래로

I have worked here **since** 2020.
저는 2020년부터 이곳에서 일했습니다.

after ~후에

I'll leave **after** lunch.
점심 식사 후에 나갈게요.

before ~전에

We'll check it **before** the meeting.
우리가 회의 전에 그걸 확인해 볼 거예요.

by/until ~까지(는)

You have to submit the report **by** Monday.
당신은 월요일까지 보고서를 제출해야 합니다.
〈월요일 전 아무 때나. 하지만 월요일을 넘기면 안 됨〉

You have to wait **until** Monday.
당신은 월요일까지 기다려야 합니다. 〈월요일 이전에는 절대로 안 됨〉

기간 전치사

for/during ~동안

I have been learning English **for** three years.
나는 3년 동안 영어를 배워오고 있다. ⟨for + 기간⟩

Please turn off your phone **during** the movie.
영화 상영 중에는 전화기를 꺼 주세요. ⟨during + 기간이 정해져 있는 경우⟩

in ~후에 / ~ 동안 / ~만에

I'll be there **in** ten minutes.
10분 후에 갈게요.

I saw him twice
나는 그를 두 번 봤다.
 +
in the last two years. 최근 2년 동안
for the last two years. 지난 2년간
over the last two years. 지난 2년간

It fell apart **in** two months.
그것은 두 달만에 무너졌다.

I gained five kilograms **in** two months.
나는 두 달 동안 5킬로그램이 쪘다.

throughout ~내내

The museum is open daily **throughout** the year.
박물관은 연중 매일 문을 연다.

'this+시간'과 'the+시간' 구분하기

앞서 시점 전치사와 기간 전치사에 관해 배웠는데, 이와 관련하여 'this +시간 단위'와 'the+시간 단위'의 차이에 관해 간단히 짚고 넘어가겠습니다.

this+시간 : 〈시점〉

시간 단위 앞에 this가 붙으면 '시점'을 의미합니다. 다음 예문들에 나오는 'this+시간'이 모두 한 '시점'을 나타내고 있음을 알 수 있습니다.

Shooting began early **this year**.
촬영은 올해 초에 시작되었다. 〈촬영 시작 시점〉

My visa will expire **this month**.
내 비자는 이번 달에 만료됩니다. 〈비자 만료 시점〉

the+시간 : 〈기간〉

시간 단위 앞에 the가 붙으면 '기간'을 의미합니다. 다음 예문들에 나오는 'the+시간'은 기간 전치사인 for와 함께 쓰여서 더욱 확실하게 '기간'을 나타내고 있습니다.

Stock prices hit their lowest for **the year**.
주가가 연중 최저치를 기록했다.

We've lived in LA for **the last month**.
우리는 지난 한 달 동안 LA에서 살았습니다.

위의 예문에 나온 4개의 시간 표현을 아래처럼 정리해서 기억해 두면 이를 바탕으로 'this+시간'과 'the+시간'을 확실하게 구분하여 쓸 수 있게 될 거예요.

this year 올해(에)	**the** year 그 한 해 (동안)
this month 이번 달(에)	**the** last month 지난달 (내내)

UP

흔히 쓰는 말 중에 "오늘 왜 이리 업 됐어?"가 있습니다. 기분이 매우 좋고 매우 흥이 난 상태인 이유를 묻는 말인데, 이 '업'이 바로 영어의 up이라는 사실은 다들 알고 있을 거예요. 그런데 up은 다양한 상황을 표현할 수 있는 전치사여서 좀 깊게 들어갈 필요가 있습니다. 지금부터 up의 기본 개념과 어떻게 확장되어 쓰이는지를 알아보겠습니다.

UP의 기본 개념
'올라가는' 움직임이나 상태

전치사 up은 '올라가는' 움직임이나 상태를 나타냅니다. 그래서 해가 뜨고(솟고), 사람을 올려다 보고, 계단을 오르는 등의 영어 표현에 up이 쓰입니다. '올라가는' 동작이나 상태를 표현하는 up의 기본 개념은 한국어의 그것과도 일치하기 때문에 어렵지 않게 이해할 수 있습니다.

The sun came **up**. 해가 떴다.

I looked **up** at her.
나는 그녀를 올려다 보았다.

We walked **up** the stairs.
우리는 걸어서 계단을 올라갔다.

She carried the baby **up** the stairs.
그녀는 아기를 데리고 계단을 올라갔다.

UP의 확장
**비유적 상황의 수직적/수평적 확장, 시간적/공간적으로 가까워짐,
동작의 완료, 잠에서 깨어 있는 상태, 혼돈 상태, 없던 것이 새로 생김**

up은 '올라가는'이라는 기본 개념에 머물지 않고 굉장히 넓게 확장되어 사용됩니다. 그런데 그 확장된 개념이 한국어와 바로 대응되지 않을 때가 많기 때문에 전치사 up을 어렵다고 생각하는 사람이 많습니다. 이를 극복하는 길은 영어 원어민이 인식하는 up의 개념과 그 확장 범위를 이해하고 많은 예문을 보면서 익숙해지는 것뿐입니다.

1 **비유적 상황의 수직적/수평적 확장**

'올라감'을 비유적으로 연결할 수 있는 상황에 up이 쓰입니다. 한 가지 알아 두어야 할 것은, 영어에서의 up은 **'수직적 상승'**뿐만 아니라 **'수평적 확장'**도 나타낼 수 있다는 점입니다.

Turn the music **up**. 음악 소리를 키우세요.
〈'음악을 돌려 올린다'는 것은 음악이 나오는 스피커의 장치를 위로 올림, 즉 '음량을 높이는' 것입니다.〉

The boy grew **up**. 그 소년은 성장했다.
〈grow(자라다) up(위로)은 '성장'을 의미합니다.〉

I will look **up** the word online. 내가 온라인에서 그 단어를 검색할게.
〈'눈을 들어 원하는 것을 찾아보다'로 이해하세요.〉

The desks take **up** a lot of space. 책상이 많은 공간을 차지한다.
〈이때의 up은 '수평적 확장'의 개념입니다.〉

2 시간적/공간적으로 가까워짐

up은 **시간상 가까워짐** 또는 **공간이나 영역 안에서 점점 다가오고 있음**을 표현합니다.

She was walking up the street.
그녀는 거리를 걸어오고 있었다.

The anniversary is coming up.
기념일이 다가오고 있습니다.

3 동작의 완료 1

up은 **동작이 그 과정을 지나 '완전히 끝났음'**을 나타내기도 합니다.

I ate the bread.
나는 빵을 먹었다. 〈조금만 먹었는지, 많이 먹었는지 알지 못함〉

I ate up all the bread.
나는 빵을 다 먹었다. 〈빵을 먹어 치웠음〉

첫 번째 예문에서는 빵을 조금만 먹었는지, 많이 먹었는지 알 수가 없습니다. '빵을 먹었다'는 동작이 일어났다는 사실을 알 수 있을 뿐입니다. 그러나 두 번째 예문은 ate 뒤에 up이 나와서 먹는 동작이 '완료'의 끝까지 올라왔음을 나타냅니다. 즉, '빵을 먹어 치운' 것이죠. 이처럼 '동작의 완료'를 나타내는 up 예문을 몇 개 더 살펴보겠습니다.

Mom cleaned up the table.
엄마는 식탁을 다 치웠다.

They broke up.
그들은 헤어졌다.

They ended up selling the company.
그들은 (끝에 가서는) 결국 회사를 팔아 버렸다.

특히 up이 **요리와 관련된 동사와 함께 쓰이면** 요리 과정이 다 끝나고 '**먹을 수 있게 완성된**' 상태라는 의미를 가집니다.

He **heated up** some coffee.

그는 커피를 데웠다. 〈마실 수 있는 상태〉

He **grilled up** pork.

그는 돼지고기를 구웠다. 〈먹을 수 있는 상태〉

He **fried up** some eggs.

그는 달걀을 몇 개 튀겼다. 〈먹을 수 있는 상태〉

4 동작의 완료 2

up은 어떤 동작에 완전히 묶여 진행되지 못함, 중단, 움직일 수 없거나 꽉 막힌 상태를 나타내기도 합니다. 이 역시 더 이상 다른 행동을 할 수가 없기 때문에 '동작의 완료'라고 할 수 있죠.

I'll be tied **up** in a meeting until 3.

나는 3시까지 회의에 묶여 있을 거야.

An accident is holding **up** traffic.

사고가 차량 통행을 지연시키고 있다.

5 잠에서 깨어 있는 상태

잠에서 깨거나 늦게까지 깨어 있는 상태를 표현할 때도 up을 씁니다. 밑에 내려가 있던 의식이 위로 올라오는 모습을 그려 보면 이해하기가 쉬울 거예요. 참고로, '의식이 진정되거나' 혹은 '정신을 잃은' 것을 나타낼 때는 up의 반대 의미인 down을 쓴다는 것도 알아 두세요.

He woke me **up**.

그는 나를 깨웠다.

I get **up** early in the morning.

나는 아침에 일찍 일어난다.

Can you stay **up** a little longer?

조금 더 깨어 있을 수 있어요?

6 혼돈 상태

up은 **정돈되지 않거나 붕 떠 있는** 상황을 나타낼 때도 쓰입니다. 올라가는 것에만 집중하다 보면 정리는 뒷전으로 밀리는 경우가 많죠. 이러한 개념은 mess up과 screw up에서 잘 드러나는데, 이 두 표현은 거의 같은 의미로 사용됩니다.

I don't want to mess it **up** this time.
나 이번엔 망치고 싶지 않아.

Don't screw it **up** this time.
이번엔 망치지 마.

7 없던 것이 새로 생김

텐트를 치는 모습을 상상해 봅시다. 텐트가 up 되어 세워지면 바람과 비를 피하고 쉴 수 있는 공간이 생깁니다. 이처럼 up은 아무것도 없는 상태 위로 무엇이 올라와 **새롭게 생김**을 나타내기도 합니다.

She didn't show **up** at the meeting.
그녀는 회의에 나타나지 않았다.

He made **up** the story.
그가 그 이야기를 지어냈다.

We need to build **up** trust.
우리는 신뢰를 구축해야 합니다.

I set **up** my tripod.
나는 삼각대를 설치했다.

시대적 배경을 드러내는 UP이 사용된 구동사 표현

전치사 up을 마무리하면서, 시대적 배경을 엿볼 수 있는 up이 사용된 구동사 표현 두 개를 소개하겠습니다.

- **hang up** 전화를 끊다
옛날에 서양에서 처음 쓰던 전화기는 벽에 걸려 있었습니다. 통화가 끝나면 들고 있던 수화기를 전화기에 달린 고리에 매달아 전화를 끊는 방식이었죠. 거기서 '전화를 끊다'라는 표현 hang up이 나왔는데, 아직도 같은 의미로 쓰이고 있습니다.

Don't hang up the phone.
전화를 끊지 마세요.

- **pull up** (차나 운전자가) 멈추다, 서다
차량의 사이드 브레이크를 위로 당겨 올려 차를 세우던 초창기 시절부터 쓰던 말로, 아직도 '멈추다(서다)'라는 의미로 씁니다.

The car pulled up next to us.
그 차는 우리 옆에서 멈췄다.

❶ 그는 책 몇 권을 들고 계단을 올라갔다.

올라가는 움직임 – 계단 위로 올라가다

➡   He carried some books _____ _____ _____.

----

❷ 침대가 많은 공간을 차지해. (takes)

비유적 상황의 수평적 확장 – '위'가 아니라 '옆'으로 확장하다

➡   The bed _____ _____ a lot of space.

----

❸ 크게 말씀해 주시겠어요?

비유적 상황의 수직적 확장 – 말의 볼륨을 올리다

➡   Can you _____ _____?

----

❹ 나는 오늘 아침에 늦게 일어났다. (got)

잠에서 깬 상태 – 아래에 있던 의식이 위로 올라와서 잠이 깨다

➡   I _____ _____ _____ this morning.

----

⑤ 나는 국수를 다 먹었다.

동작의 완료 – 국수를 먹는 행동의 과정이 끝나다

➡ I _____ _____ all the noodles.

---

⑥ 내 여동생이 그 이야기를 지어냈다.

없던 것이 새로 생김 – 없던 이야기가 위로 올라와 새롭게 생기다

➡ My sister _____ _____ the story.

---

⑦ 내 생일이 다가오고 있어!

시간적으로 가까워짐 – 현재를 기준으로 생일 날짜가 가까워지다

➡ My birthday _____ _____ _____!

---

⑧ 그녀는 커피를 끓였다. (brewed)

동작의 완료 – 커피를 다 끓여서 마실 수 있는 상태가 되다

➡ She _____ _____ some coffee.

MP3를 듣고 각 문장을 따라 말해 보세요. 쓰고 말할 수 있어야 내 것이 됩니다.

MP3 022

❶ 무대 위로 올라와 주세요. (stage)

➡ Please _____ .

----

❷ 나는 컴퓨터에 새 버전의 SAP를 설치했다.

➡ I _____ the new version of SAP _____ .

----

❸ 나는 제2의 인생을 위해 새로운 이름을 만들었다.

➡ I _____ for my second life.

----

❹ 저는 다음 주 수요일까지 일에 완전히 묶여 있어요. (with)

➡ I'm _____ work until next Wednesday.

----

5 그녀는 쇠고기를 구웠다. 〈먹을 수 있는 상태〉

➡ She _____ some beef.

------

6 나는 아침에 일찍 깨서 그에게 이메일을 썼다. (woke)

➡ I _____ and wrote him an email.

------

7 젓가락으로 작은 콩을 줍기는 너무 어렵다. (beans)

➡ It's so hard to _____ with chopsticks.

------

8 크리스마스가 다가오고 있고, 난 그 날을 망치고 싶지 않아. (mess)

➡ Christmas _____, and I don't want to _____.

MP3를 듣고 각 문장을 따라 말해 보세요. 쓰고 말할 수 있어야 내 것이 됩니다.

MP3 023

DOWN

친구를 만났는데 친구의 기분이 안 좋아 보이거나 어깨가 축 처져 있을 때 흔히 이렇게 묻죠. "왜 이리 다운돼 있어?" 이때의 '다운'이 바로 영어의 down입니다. down은 up과는 반대 개념의 전치사로, 기본 개념은 쉽게 이해할 수 있지만, 확장된 개념은 파악하기가 쉽지 않습니다. down을 제대로 이해하려면 예문을 많이 보면서 개념의 확장 범위를 체계적으로 정리하는 것이 가장 좋습니다. 지금부터 본격적으로 down을 파헤쳐 보겠습니다.

DOWN의 기본 개념
'아래로 향하는' 움직임이나 상태

down은 기본적으로 '**아래로 향하는**' 동작이나 상태를 나타냅니다. 길을 걸어서 '내려가거나', '엉덩이를 '아래로' 내려서 의자에 앉거나, 물을 '아래로' 흘려 보내는 상황 등에 down을 쓰죠.

She walked down the hallway.
그녀는 복도를 걸어서 내려갔다.

I sat down at the kitchen table.
나는 부엌 식탁에 앉았다.

He broke down the wall of his house.
그는 자기 집의 벽을 부수어서 (아래로) 무너뜨렸다.

She poured water down the drain.
그녀는 물을 부어서 배수구로 내려 보냈다.

Scroll down with your mouse.
마우스로 스크롤을 내리세요.

DOWN의 확장
비유적 상황의 '아래로 향함', 기계 고장, 가게의 폐업, 퇴진, 거절, 기분이나 컨디션의 안정/저하, 사람을 무시함

down의 '아래로 향하는'이라는 기본 개념은 다양한 범위로 확장해서 적용됩니다. 음량을 줄이거나 기계가 고장 나거나, 기분을 진정시키는 등 down의 확장 범위를 구체적으로 알아보겠습니다.

1 비유적 상황의 '아래로 향함'

소리의 볼륨을 줄이거나 마우스 스크롤을 내리거나 일의 속도를 줄이는 등 down은 '아래로 떨어짐'을 비유적으로 연결할 수 있는 상황에 쓰입니다.

I need to slow down. 좀 천천히 해야겠어.

Please turn down the music. 음악 소리 좀 줄여 주세요.

Write down the address. 주소를 적어 주세요.
〈몸의 위쪽에 위치한 눈과 머리를 통해 들어온 정보를 '아래로' 내려 보내서 적는 상황을 그려 보세요.〉

2 기계 고장

차나 기계가 산산이 부서져서 부품들이 아래로 떨어져 내리는 모습을 상상해 보세요. down은 **기계나 장비의 고장**을 나타낼 때 쓰입니다.

My car broke **down**. 내 차가 고장 났다.

3 가게의 폐업/기회나 직책의 내려놓음

일시적 또는 영구적으로 가게 문을 닫거나, 있던 자리에서 내려오거나, 기회를 내려놓음을 down으로 나타낼 수 있습니다.

The shop shut **down** after two years.
가게는 2년 후에 폐업했다.

She stepped **down** as mayor.
그녀는 시장 직에서 내려왔다(물러났다).

He will turn **down** the job offer.
그는 일자리 제안을 거절할 것이다.
〈'제안을 뒤집어서 내려놓는 것'이므로 '거절하는' 상황을 연상할 수 있습니다.〉

4 기분이나 컨디션의 안정/저하

기분을 가라앉혀 안정되거나 기분이나 컨디션이 너무 아래로 떨어져서 안 좋아짐을 나타내는 데 down이 쓰입니다.

❶ 기분의 안정

I need to calm **down**. 좀 진정해야겠어.

I need to wind **down**. 좀 차분해져야겠어.

❷ 기분/컨디션의 저하

I am feeling **down**. 기분이 다운돼.

I let him **down**. 나는 그를 실망시켰다.
〈'사람을 아래로 향하게 하는' 것은 사람의 기분을 아래로 떨어뜨림, 즉 '실망하게 하는' 것으로 이해할 수 있습니다.〉

I came **down** with a cold. 나는 감기에 걸렸다.
〈위에 떠다니던 감기 등의 바이러스나 병이 아래에 있는 나에게로 내려온 모습을 그려 보세요.〉

5 사람을 무시함

한국어에는 '사람을 아래로 보다'라는 표현이 있습니다. 사람을 무시하거나 깔볼 때 쓰는 표현인데, 영어도 down으로 동일한 의미를 전달합니다.

He put me **down**. 그는 나를 무시했다.
〈'사람의 위치를 아래로 둠'은 곧 '사람을 무시하는' 것입니다.〉

He talked **down** to me. 그는 나를 얕보는 말을 했다.
〈'사람을 향해 아래로 두고 말함'은 곧 '사람을 얕보는(깎아내리는) 투로 말하는' 것입니다.〉

He looked **down on** me. 그는 나를 깔봤다.
〈'사람을 아래로 보는 마음을 갖다'로 생각하면 '깔보다(업신여기다)'라는 look down on의 뜻을 이해하기 쉽습니다.〉

그런데 하나만 더 참고로 말씀드릴게요. He looked down on me.에서 on 대신 at을 쓰면 완전히 다른 의미의 표현이 됩니다. 어떻게 달라지는지 예문을 통해 확인할게요.

He was looking **down at** me.
그는 나를 내려다보고 있었다.

전치사 at의 기본 개념은 '특정한 점'이라고 앞에서 말했습니다. 이를 바탕으로 예문을 분석하면 '그는 나를 보고 있었는데, 내가 있던 장소가 아래여서 나를 내려다보는 상태였다'라는 내용입니다. 전치사만 하나 달라졌는데 의미가 확 달라졌네요. 전치사의 개념을 제대로 알아 두어야 하는 이유가 바로 여기에 있습니다!

❶ 그는 잔을 내려놓았다.

아래로 향하는 움직임 – 잔을 아래로 두다

➡ He ＿＿＿＿＿＿＿＿ the glass ＿＿＿＿＿＿＿.

＿＿＿＿＿＿＿＿＿＿＿＿＿＿＿＿＿＿＿＿＿＿＿＿＿＿＿＿＿

❷ 앉아서 좀 쉬어.

아래로 향하는 움직임 – 몸을 아래로 내려서 앉다

➡ ＿＿＿＿＿＿＿＿ ＿＿＿＿＿＿＿＿ and take a rest.

＿＿＿＿＿＿＿＿＿＿＿＿＿＿＿＿＿＿＿＿＿＿＿＿＿＿＿＿＿

❸ 그녀가 그것을 나를 위해 적어 줬어요. (wrote)

비유적 상황의 '아래로 향함' – 눈과 머리를 통해 전달된 정보를 아래로 내려 보내서 적다

➡ She ＿＿＿＿＿＿＿ it ＿＿＿＿＿＿＿ for me.

＿＿＿＿＿＿＿＿＿＿＿＿＿＿＿＿＿＿＿＿＿＿＿＿＿＿＿＿＿

❹ 난 널 믿었는데 넌 날 실망시켰어.

기분의 저하 – 나의 믿음을 아래에 두게 하다

➡ I counted on you, but you ＿＿＿＿＿＿＿ ＿＿＿＿＿＿＿ ＿＿＿＿＿＿＿.

＿＿＿＿＿＿＿＿＿＿＿＿＿＿＿＿＿＿＿＿＿＿＿＿＿＿＿＿＿

5 문서 맨 아래까지 스크롤을 내려 봐. (scroll)

아래로 향하는 움직임 – 스크롤을 아래로 내리다

➡ ＿＿＿＿＿＿＿ ＿＿＿＿＿＿＿ to the bottom of the document.

---

6 내 상사는 그 신규 사업 제안을 거절했다.

기회의 내려놓음 – 제안을 뒤집어서 내려놓다

➡ My boss ＿＿＿＿＿＿＿ ＿＿＿＿＿＿＿ the new project proposal.

---

7 그는 자기 친척들 앞에서 나를 깔아 뭉갰다. (put)

사람을 무시함 – 사람을 아래로 보다

➡ He ＿＿＿＿＿＿＿ ＿＿＿＿＿＿＿ ＿＿＿＿＿＿＿ in front of his relatives.

---

8 음악 소리 좀 줄여 줄래요?

비유적 상황의 '아래로 향함' – 기계의 버튼을 돌려 소리를 아래로 낮추다

➡ Will you ＿＿＿＿＿＿＿ ＿＿＿＿＿＿＿ the ＿＿＿＿＿＿＿?

MP3를 듣고 각 문장을 따라 말해 보세요. 쓰고 말할 수 있어야 내 것이 됩니다.

MP3 024

1 너를 실망시켜서 미안해.

➡ I'm sorry for _____ .

----

2 내 핸드폰이 또 고장 났는데 수리하는 데 돈이 많이 들 거야. (cost)

➡ My cell phone _____ ,
and it will _____ a lot to repair.

----

3 자격이 없는 사람은 물러나야 해. (unqualified)

➡ Anyone who is _____ should _____ .

----

4 아이들은 계단을 걸어 내려가서 차에 뛰어올라 탔다.

➡ The children _____ and jumped into the car.

----

5 나는 명절 동안 감기에 걸렸어.

➡ I _____ during the holidays.

---

6 숨을 깊이 들이쉬는 것은 마음을 진정시키는 데 도움이 된다. (help, calm)

➡ Taking a deep breath _____ .

---

7 그녀는 자기 부모 앞에서 나를 깎아내리려고 했다. (talk)

➡ She was trying to _____ in front of her parents.

---

8 그는 땅에 쓰러져 팔이 부러졌다. (the ground)

➡ He _____ and broke his arm.

MP3를 듣고 각 문장을 따라 말해 보세요. 쓰고 말할 수 있어야 내 것이 됩니다.

MP3 025

OFF

한국어에는 영어 단어를 그대로 한국어 표현에 녹여 쓰는 경우가 많습니다. 전치사 off도 그러한 단어 중 하나로, 우리가 흔히 "나 오늘 오프야!"라고 할 때 쓰는 '오프'가 바로 그 off입니다. off 또한 많은 뜻을 가지고 있는데요, 지금부터 off의 기본 개념을 짚어 보고 그 개념이 어디까지 확장되는지를 알아보겠습니다.

OFF의 기본 개념
시간 또는 공간에서 완전히 '떨어져 나옴'

off는 **시간이나 공간에서 완전히 '떨어져 나온'** 상태를 나타냅니다. 예를 들면, 식탁 위에 있는 먼지를 털어서 식탁에서 완전히 떼어 내거나(off) 근무 시간에서 떨어져 나와(off) 퇴근할 때 off를 쓸 수 있죠. off가 '공간에서의 분리'와 '시간에서의 분리'를 어떻게 드러내는지 예문을 보면서 자세히 확인하겠습니다.

1   공간에서의 분리

off를 써서 **붙어 있거나 닿아 있던 면, 장소에서 완전히 떨어진** 상황을 표현할 수 있습니다.

He jumped **off** and ran to me. 그는 뛰어 내려 나에게 달려왔다.

He got **off** the train. 그는 기차에서 내렸다.

〈'기차에서 떨어져 나옴을 얻었다'는 곧 '기차에서 내린' 것입니다. 참고로, get off의 반대말
　은 get on(버스나 기차 등에 올라타다)입니다.〉

The plane took **off** from the runway. 비행기가 이륙했다.

〈'비행기가 활주로에서 떨어짐을 취한' 상황이므로 '이륙한' 것입니다.〉

He took his coat **off**. 그는 코트를 벗었다.

〈'코트를 취해 몸에서 떼어 낸' 상황을 그려 보면 왜 take off가 '(옷 등을) 벗다'의 의미를 나
　타내는지 알 수 있습니다.〉

Wait. I'll drop you **off** there. 기다려. 내가 거기에 널 내려줄게.

〈차에 타고 있는 사람을 어떤 장소에 떨어뜨리는 상황을 그려 보면 drop off가 '내려주다'의
　의미임을 알 수 있습니다.〉

2   시간에서의 분리

정해진 시간이나 일정에서 완전히 떨어져 나감을 off로 나타냅니다.

You have to take a day **off** work.
당신은 일을 하루 쉬어야 해요.
〈'직장/일에서 떼어 낸 한 날을 취한다'는 곧 '일을 하루 쉬는' 것입니다.〉

We had to put **off** our wedding until September.
우리는 결혼식을 9월로 미뤄야 했다.
〈'결혼식을 (미리 예정한 날짜에서) 떼어 내어 다른 날짜에 두는' 상황을 그려 보면 이해하기
　쉬울 거예요.〉

I have to sign **off** early today. 저 오늘은 일찍 퇴근해야겠어요.
〈오늘은 일찍 퇴근 사인을 하고 (일에서) 떨어져 나와야겠다'로 이해하세요. sign off는 '(방
　송 등을) 끝내다'라는 뜻입니다. 일상에서 자주 쓰이는 구동사이므로 기억해 두세요.〉

> OFF의 확장
> ## 비유적 상황의 '떨어져 나옴', 출발/퍼져나감, 일을 마치고 끊어냄, 전원의 꺼짐, 정상 상태를 벗어남

지금부터는 off가 어떻게 확장되어 쓰이는지 살펴보겠습니다.

1 비유적 상황의 '떨어져 나옴'

'떨어져 나옴'의 개념을 비유적으로 연결할 수 있는 상황에 off를 씁니다.

Get it **off** your chest. 터놓고 말해 봐.

I can't take my eyes **off** her.
나는 그녀한테서 눈을 뗄 수가 없어.

You can get 10% **off**. 10% 할인 가능합니다.
〈할인이란 정가에서 일정 액수를 '떼어 내는' 것입니다.〉

He cut **off** all communication with that woman.
그는 그 여자와의 연락을 다 끊었다. 〈소통을 잘라서 떼어 내다'로 생각하세요.〉

We called **off** the deal/trip/strike. 우리는 거래/여행/파업을 취소했다.
〈'거래/여행/파업에서 떨어져 나온' 것이므로 '취소하다'라는 뜻임을 알 수 있습니다.〉

He showed **off** his six-pack. 그는 자기 식스팩을 자랑했다.
〈배에서 진짜로 식스팩을 떼어서 보여 준 것이 아니라, '식스팩 부위만 콕 집어 남에게 보여 주었다'로 받아들여야 합니다. show off는 '자랑하다'라는 뜻의 표현입니다.〉

2 출발/퍼져 나감

있던 곳에서 떨어져 나오게 되면, 떨어져 나온 것은 어떻게 될까요? 때로는 새롭게 어디로 향하기도 하겠죠? 그래서 off는 **있던 곳에서 떨어져 나와 어딘가로 '출발함'을 나타낼 때 쓰이기도 합니다. 떨어져 나온 것이 소리나 냄새 같은 것이면 멀리 '퍼져나가는'** 것이겠죠.

I'm **off** to school. 저는 학교에 가요.
〈'공간에서의 분리'라고 볼 수도 있지만, 뒤에 나오는 전치사 to를 통해 있던 장소로부터 떨어짐의 방향과 목표가 '학교'임이 드러납니다. 이때의 off는 '출발'의 의미를 강조합니다.〉

My alarm was set to go **off** at 6.
내 알람은 6시에 울리도록 설정되어 있었다.

3 일을 마치고 그 과정을 끊어냄

off는 일을 (마침내) 끝마치거나 해낸 후 그 일을 '끊어냈음'을 나타낼 때도 쓰입니다.

I paid off my home loan. 나는 우리 집 대출을 다 갚았다.

〈'돈을 다 내고 집 대출로부터 떨어졌다'로 이해하면 쉽습니다.〉

I'd be able to pull it off. 난 해낼 수 있을 거야.

〈pull off는 '해내다(성공하다)'라는 뜻으로, 특히 아무나 하기 힘든 일을 해내거나 남들이 기대조차 하지 않았던 일을 이루어 냈을 때 씁니다.〉

4 전원의 꺼짐

전기나 에너지, 연료 공급을 끊는 것도 off로 표현합니다.

She didn't turn off the computer.

그녀는 컴퓨터를 끄지 않았다.

〈turn on(전기가 들어오다, 불을 켜다)의 반대말입니다.〉

I stopped the car and shut off the engine.

나는 차를 세우고 엔진을 껐다.

〈shut은 '(문을) 닫다'입니다. 연료가 통하는 길목을 닫아 차 엔진이 움직이지 않는 상황을 그려 보면 왜 shut off가 '(기계 등을) 끄다, 멈추다'라는 뜻인지 이해할 수 있을 거예요.〉

The boys need to work off their energy.

그 소년들은 그들의 에너지를 소모할 필요가 있다.

〈직역하면 '소년들은 일을 해서 에너지를 끊을 필요가 있다'로, work off는 '(운동 등으로) 없애다'라는 뜻의 표현입니다.〉

5 정상 상태를 벗어남

정상 범위에서 벗어나서 다른 상태가 됨을 off로 표현할 수도 있습니다.

I knew there was something off about her.

나는 그녀에게 뭔가 이상한 점이 있다는 것을 알고 있었다.

❶ 그는 재킷을 벗었다.

공간에서의 분리 – 재킷을 취해 몸에서 떼어 내다

➡ He ＿＿＿＿＿＿ his jacket ＿＿＿＿＿＿ .

----

❷ 저를 저쪽에 내려주세요.

공간에서의 분리 – 차에 타고 있는 사람을 차에서 떼어 내서 떨어뜨리다

➡ You can ＿＿＿＿＿＿ ＿＿＿＿＿＿ ＿＿＿＿＿＿ over there.

----

❸ 어디로 가시죠? (to)

출발 – 있던 곳에서 떨어져 나와 다른 방향으로 향하다

➡ Where are you ＿＿＿＿＿＿ ＿＿＿＿＿＿ ?

----

❹ 이 코드를 치면 10% 할인을 받을 수 있습니다. (type)

비유적 상황의 '떨어져 나옴' – 정가에서 10% 떼어 내다

➡ If you ＿＿＿＿＿ in this code, you can ＿＿＿＿＿ 10% ＿＿＿＿＿ .

----

5 컴퓨터 끄는 것을 잊지 마.

전원의 꺼짐 – 컴퓨터에 공급되는 전기를 끊다

➡ Don't forget to _____ _____ your _____.

---

6 승객 여러분, 저희 비행기는 이륙 중입니다. (flight)

공간에서의 분리 – 땅에서 완전히 떨어짐을 취하다

➡ Ladies and gentlemen, our _____ is _____ _____.

---

7 그녀는 자랑하는 것을 좋아한다.

비유적 상황의 '떨어져 나옴' – 가진 것을 콕 떼어 남에게 보여 주다

➡ She likes to _____ _____.

---

8 그에게는 뭔가 이상한 점이 있었어. (about)

정상적인 상태를 벗어남 – 정상 범위에서 벗어나 다름이 있다

➡ There was something _____ _____ him.

MP3를 듣고 각 문장을 따라 말해 보세요. 쓰고 말할 수 있어야 내 것이 됩니다.

MP3 026

전치사 잡기 06 | **OFF**

1 나 지금 일하러 가. (to)

➡ _____ now.

- -

- -

2 회의 전에 휴대전화를 꺼 주세요.

➡ Please _____ before the meeting.

- -

- -

3 나는 작년에 학자금 대출을 다 갚았다.

➡ I _____ my student loan _____ .

- -

- -

4 내일 하루 쉬어도 될까요? (take)

➡ Can I _____ ?

- -

- -

⑤ 그는 파티에서 자신의 새 명품 셔츠를 자랑했다. (designer shirt)

➡ He _____ at the party.

_____

_____

⑥ 알람은 8시 정각에 울리도록 설정되어 있다.

➡ The alarm is set to _____ .

_____

_____

⑦ 저를 마포역에서 내려 주시겠어요? 〈차에 태운 상태〉

➡ Could you _____ at Mapo station?

_____

_____

⑧ 나는 강남역에서 지하철을 타고 삼성역에서 내렸다.

➡ I _____ at Gangnam station and
_____ at Samseong station.

_____

_____

MP3를 듣고 각 문장을 따라 말해 보세요. 쓰고 말할 수 있어야 내 것이 됩니다.

MP3 027

OUT

out 또한 우리가 일상에서 자주 쓰는 말이죠. 야구 경기 중 타자가 잡히거나, 심사에서 탈락하거나, 더 이상 무언가의 고려 대상이 아니게 되었을 때 "넌 아웃!"이라고 흔히 말합니다. out이 '밖으로'라는 의미임을 모르는 사람은 거의 없겠지만, 다른 전치사와 마찬가지로 out 또한 기본 개념이 어디까지 확장하는지를 아는 것이 중요합니다. 지금부터 은근히 잘 몰라서 못 쓰는 out에 관해 자세히 알아보겠습니다.

OUT의 기본 개념
물리적 공간이나 상황에서 '밖으로 나옴'

out은 **'밖으로 나온'** 상태입니다. 일차적으로 물리적 공간 안에 있던 것이 '밖으로 나가거나' 속해 있던 상황에서 '밖으로 나가는' 두 가지 경우에 쓰입니다.

1 밖으로 나감/빼냄

사물을 밖으로 꺼내거나 사람을 밖에 데려가는 경우, out으로 표현합니다. 그런데 '~에서 나오는지'를 분명히 명시해야 의미를 파악할 수 있을 때는 'out of+장소'로 쓰고, 어디에서 나오는지 유추가 가능해서 굳이 언급할 필요가 없을 때는 out만 씁니다.

Don't forget to take **out** the garbage.
쓰레기를 밖에 내놓는 거 잊지 마.

I'll take you **out** to dinner. 내가 밖에서 저녁 사 줄게.

I'm currently **out of** the office. 저는 지금 사무실에 없습니다.
〈'장소'에 해당하는 office가 뒤에 나오지 않으면 의미를 파악할 수 없는 문장입니다. 그래서 out of the office로 썼습니다.〉

You can pick **out** a fruit from the box.
당신은 상자에서 과일을 하나 고를 수 있습니다.

You have to sort **out** the mail from customers.
당신은 고객으로부터 온 메일을 분류해야 해요.
〈많은 메일 중 고객들에게서 온 것을 '밖으로(out) 가려내는(sort)' 것입니다.〉

2 상태에서 나감

한국어에는 '어려움에서 벗어나다(빠져 나오다)'라는 표현이 있습니다. 영어에서도 **어떤 상태에서 벗어남(나옴)**을 out으로 표현합니다.

I will get **out** of danger/control/trouble/debt.
나는 위험/통제/곤란/빚에서 벗어날 것이다.

I came **out** of depression. 나는 우울증에서 벗어났다.

She always stands **out** in a crowd.
그녀는 군중 속에서 항상 눈에 띈다.
〈군중의 바깥으로 벗어나서(out) 서면' 눈에 띄게 됩니다.〉

It was a tough day. Do you want to hang **out** tonight?
힘든 하루였어. 밤에 같이 놀래?
〈hang out은 딱히 뭘 할지 정해 놓지 않은 상태에서 '어울리거나 시간을 보내는' 것을 뜻합니다. 젖은 빨래를 밖에서 말리는 모습을 그려 보세요. 다 마를 때까지 빨래는 빨랫줄에 걸려 있어야 합니다. 그 모습에서 한가로이 시간을 보내는 모습을 연상하면 hang out의 뜻을 이해할 수 있을 거예요.〉

OUT의 확장

물건/시간 등이 다 떨어져 감, 의식/기억의 사라짐(끊김), 사실(진실)이 밝혀짐, 결과물을 드러냄, 확장해 나감

지금부터는 out이 어떻게 확장되어 쓰이는지 알아보겠습니다.

1 물건/시간이 다 떨어져 감

쌓아 놓고 쓰는 **물건이 다 떨어져 가거나 시간이 다 되어 감**을 표현할 때 out을 쓸 수 있습니다. 이때는 run out (of)의 형태로 씁니다.

We are running **out** of paper towels.

휴지가 거의 다 떨어져 가.

Time is running **out**. You need to hurry.

시간이 다 되어 가고 있어. 서둘러야 해.

2 의식/기억의 사라짐(끊김)

술 때문에 필름이 끊기거나, 기절하거나, 넋이 나가는 등 **의식이나 혼이 밖으로 빠져나가는 것처럼 느껴지는** 상황을 나타낼 때 out을 씁니다.

He drank too much and blacked **out**.

그는 술을 너무 마셔서 의식을 잃었다.

We freaked **out** when we heard the news.

우리는 그 소식을 듣고 너무 놀랐다.

〈너무 놀라서(freak) 넋이 빠져나간(out) 상태입니다.〉

She knocked him **out** by hitting him.

그녀는 그를 때려서 기절시켰다.

〈knock에는 '~한 상태가 되게 하다'라는 뜻이 있습니다. 즉, 때려서 의식이 사라진(out) 상태로 만든 것입니다.〉

3 사실(진실)이 밝혀짐

안에 숨겨져 있던 사실이나 진실이 밖으로 드러남을 out으로 나타낼 수 있습니다.

I just found **out** that my sister is pregnant.
나는 방금 내 여동생이 임신한 것을 알았어.

For more information, check **out** our website.
더 많은 정보를 얻으시려면 저희 웹사이트를 확인하세요.

I finally figured **out** the reason.
나는 마침내 그 이유를 알아냈다.

Every rumor turned **out** to be true.
모든 소문이 사실로 밝혀졌다.

4 완성해서 결과물을 드러냄

미완성이 완성되어 '밖으로' 공개되는 상황을 out으로 나타낼 수 있습니다.

Please fill **out** the form.
양식을 작성해 주세요.
⟨내용을 채우니(fill) 양식이 완성되어 공개되는(out) 것입니다.⟩

5 확장해 나감

한 곳에 머물지 않고 '밖으로' 두루두루 확장해 나가는 뉘앙스를 표현할 때도 out을 쓸 수 있습니다.

When I started **out** my career, I was passionate.
처음 일을 시작했을 때 나는 열정적이었어요.

Watch **out** for romance scams. 로맨스 사기를 조심하세요.
⟨romance scam은 온라인 데이트를 알선하는 사이트에 가짜 프로필을 올려 두고 관심을 보이는 사람에게 사기치는 수법입니다.⟩

❶ 내가 오늘 밤 너를 데리고 나갈게.

밖으로 나감/빼냄 – 너를 취해서 밖으로 나가다

➡ Let me _____ _____ _____ tonight.

----

❷ 우리 시간이 별로 없어.

시간이 다 떨어져 감 – 시간이 달리다(떨어져 가다)

➡ We're _____ _____ _____ time.

----

❸ 그가 나에게 거짓말했다는 것이 밝혀졌다.

사실(진실)이 밝혀짐 – 그가 거짓말했다는 사실이 뒤집혀 밖으로 나오다

➡ It _____ _____ that he lied to me.

----

❹ 그는 마침내 우울증에서 벗어나고 있어.

상태에서 나감 – 갇혀 있던 우울증 밖으로 나오다

➡ He is finally _____ _____ _____ his depression.

----

⑤ 그 소식을 들었을 때 우리 엄마는 깜짝 놀라셨어. (freaked)

의식/기억의 사라짐(끊김) – 너무 놀라서 넋이 나가다

➡ My mom ＿＿＿＿＿＿＿ ＿＿＿＿＿＿＿ ＿＿＿＿＿＿ she heard
the news.

----

⑥ 그녀는 너무 예뻐서 항상 눈에 띈다.

상태에서 나감 – 일반적인 예쁜 범위를 벗어나서 서 있다

➡ She always ＿＿＿＿＿＿＿ ＿＿＿＿＿＿＿ because she's so pretty.

----

⑦ 상자에서 원하는 것 하나를 고르시면 돼요. (pick)

밖으로 나감/빼냄 – 상자에 있는 물건 중 하나를 밖으로 골라 내다

➡ You can ＿＿＿＿＿＿＿ ＿＿＿＿＿＿＿ one item you want ＿＿＿＿＿＿
the box.

----

⑧ 나는 정말로 곤경에서 벗어나기를 바랐어.

상태에서 나감 – 곤경에서 빠져나간 상태를 얻다

➡ I was eager to ＿＿＿＿＿＿＿ ＿＿＿＿＿＿＿ ＿＿＿＿＿＿ trouble.

MP3를 듣고 각 문장을 따라 말해 보세요. 쓰고 말할 수 있어야 내 것이 됩니다.

MP3 028

❶ 그 양식을 작성하실 필요가 없습니다.

➡   You don't have to _____ .

----

❷ 난 진짜로 너랑 어울려서 놀고 싶어.

➡   I really want to _____ .

----

❸ 그 아이는 장난감을 몇 개 골라 가방에 넣었다.

➡   The kid _____ and put them in the bag.

----

❹ 오늘은 쓰레기를 분리수거 하는 날입니다. (sort)

➡   It's the day to _____ .

----

5 저는 다음 주 월요일까지 사무실에 없습니다. (the office)

➡ I'm _____ until next Monday.

---

6 나는 내 커리어를 방송 작가로 시작했다.

➡ I _____ as a television writer.

---

7 그의 예측은 꽤 정확한 것으로 드러났다. (forecast)

➡ His _____ to be quite accurate.

---

8 모르는 곳 한가운데서 기름이 떨어지는 것은 운전자들이 느끼는 가장 큰 두려움 중 하나이다. (in)

➡ _____ nowhere is one of drivers' biggest fears.

MP3를 듣고 각 문장을 따라 말해 보세요. 쓰고 말할 수 있어야 내 것이 됩니다.

MP3 029

FOR

for의 대표적인 뜻은 '~을 위해서'입니다. for이 나오는 문장은 '~을 위해서'로 해석하면 50% 이상 맞을 정도로, 이 의미로 많이 쓰입니다. 하지만 for은 자주 쓰이는 전치사이니 만큼, 그 기본 개념뿐만 아니라 개념이 어떻게 확장되어 쓰이는지도 필수적으로 익힐 필요가 있습니다. 그렇게 하면 사전에 나온 수많은 뜻을 다 외우지 않아도 for을 자신 있게 쓸 수 있게 될 거예요.

FOR의 기본 개념
목적을 위한 교환 '~을 위해서'

for은 기본적으로 **교환의 뉘앙스**를 갖습니다. **'~을 교환하여 어떠한 것을 얻다'**라는 의미가 깔려 있죠. 좀 어렵게 느껴질 수 있는데요, 다음 예문들을 보면서 for이 어떤 목적으로 무엇을 교환하는지 알아봅시다.

1 목적을 위한 행동의 교환(행동을 교환하여 얻고자 하는 바): ～을 위해

I'll pray for your safe return.
너의 안전한 귀환을 위해 기도할게.

I searched the room for my phone.
나는 핸드폰을 찾기 위해 방을 뒤졌다.

I fried some eggs for breakfast.
나는 아침 식사로 달걀 프라이를 했다.

I asked for money.
나는 돈을 요구했다.

2 목적을 위한 상태의 교환(상태를 교환하여 얻고자 하는 바): ～을 위해

I am ready for the exam.
나는 시험 준비가 되었다. (나는 시험을 위한 준비가 된 상태이다.)

I am responsible for shipping.
저는 배송 담당입니다. (나는 배송을 위한 책임을 진 상태이다.)

> FOR의 확장
> ## 얻고자 하는 것이나 무엇을 하느라 교환한 돈/시간, 어떤 기준과 교환했을 때의 대조적 느낌

1 얻고자 하는 것과 교환한 돈: (얼마를) 주고

I bought my car for 2,000 dollars.
나는 2,000달러를 주고 차를 샀다.

I rented a suite for 700 dollars.
나는 700달러를 주고 스위트룸을 빌렸다.

참고로, 돈과 물건의 순서를 바꿀 수도 있습니다.

I paid 500 dollars for the iPad.
나는 아이패드에 500달러를 지불했다.

I charged 100 dollars for delivery.
나는 배달비로 100달러를 청구했다.

2 **무엇을 하느라 교환한 시간: ～동안, ～째**

I've been studying English for 10 years.
나는 10년째 영어를 공부하고 있다.

The movie ran for 3 hours.
그 영화는 3시간 동안 상영되었다.

I have been sick for 2 weeks.
나는 2주 동안 아팠다.

3 **어떤 기준과 교환했을 때의 대조적 느낌: ～치고**

'어떤 기준과 교환했을 때 느껴지는 대조적인 느낌'을 for로 나타낼 수 있습니다.

He is smart for a child. 그는 어린아이치고는 영리하다.

She is tall for her age. 그녀는 나이에 비해 키가 크다.

구동사 표현
FOR이 나오는 핵심 구동사 표현

for이 나오는 구동사는 매우 많습니다. 그중에서 유독 한국인 학습자들이 알고는 있어도 실제로는 잘 쓰지 못하는 대표적인 구동사 3개를 골라 소개하겠습니다.

- **stand for** 의미하다, 나타내다

The blue line on the graph stands for sales.
그래프의 파란 선은 '매출'을 의미합니다.

What does CEO stand for?
CEO는 무엇을 나타냅니까? (CEO는 무엇의 약자입니까?)

- **look for** ～을 찾다/구하다

Are you looking for a new job?
새로운 일자리를 찾고 계신가요?

- **account for**

(1) (인과 관계를) 설명하다

I can't account for it.

나는 그것을 설명할 수 없다.

How do you account for this?

이것을 어떻게 설명할 건가요?

(2) (비율을) 차지하다

It accounts for nearly 25% of our annual revenue.

이것이 우리 연간 매출의 거의 25%를 차지합니다.

Google accounts for nearly 25% of all U.S. internet traffic.

구글은 미국 전체 인터넷 트래픽의 거의 25%를 차지합니다.

① 무사히 돌아오기를 바랍니다. (hope)

목적을 위한 행동의 교환 – 무사 귀환을 위한 희망을 하다

➡ I _____ _____ your safe return.

----

② 우리 팀은 고객과의 회의를 요청했다.

목적을 위한 행동의 교환 – 고객과의 회의를 위한 요청을 하다

➡ Our team _____ _____ a meeting with the client.

----

③ 나는 주차하는 데 5달러를 냈다.

얻고자 하는 것과 교환한 돈 – 주차에 5달러를 지불하다

➡ I paid 5 dollars _____ _____.

----

④ 그는 학생치고는 너무 영리해.

어떤 기준과 교환했을 때의 대조적 느낌 – '학생'이라는 기준으로 놓고 봤을 때 너무 영리하다

➡ He is too clever _____ _____ _____.

----

5 난 면접 볼 준비가 됐어.

목적을 위한 상태의 교환 – 면접을 볼 준비가 된 상태이다

➡ I'm _____ _____ the job interview.

---

6 나는 인터넷에서 괜찮은 구인 공고를 찾아보았다. (searched)

목적을 위한 행동의 교환 – 구인 공고를 위해 인터넷을 찾아보다

➡ I _____ _____ good job offers online.

---

7 나는 팀을 관리할 책임이 있다. (responsible)

목적을 위한 상태의 교환 – 팀을 관리하는 것을 위한 책임이 있는 상태이다

➡ I'm _____ _____ managing the team.

---

8 저는 거의 12년째 영어를 공부하고 있습니다. (almost)

무엇을 하느라 교환한 시간 – 12년이라는 시간 동안 영어를 공부해 오고 있다

➡ I've been studying _____ _____ _____ 12 years.

MP3를 듣고 각 문장을 따라 말해 보세요. 쓰고 말할 수 있어야 내 것이 됩니다.

MP3 030

❶ 저는 10년 동안 변호사로 일했습니다. (practiced)

➡ I _____ law _____ .

----

❷ 우리는 술 마시러 나갈 거야. (drinks)

➡ We are _____ .

----

❸ 질이 낮은 서비스가 대다수의 고객 불만을 설명합니다. (most, complaints)

➡ Bad service _____ .

----

❹ TGIF는 무엇을 의미하나요(나타내나요)?

➡ What does _____ ?

----

5 나는 항상 탁월함을 위해 애쓴다. (strive, excellence)

➡️ I always _____ .

---

6 우리 아들은 나이에 비해 키가 좀 작다.

➡️ My son is kind of _____ .

---

7 우리는 이틀간 호텔 방을 빌렸어. (couple)

➡️ We rented a _____ .

---

8 상위 10%가 현재 부의 80%를 차지합니다. (the wealth)

➡️ The top 10% now _____ 80% _____ .

MP3를 듣고 각 문장을 따라 말해 보세요. 쓰고 말할 수 있어야 내 것이 됩니다.

MP3 031

WITH

드디어 전치사 파트의 마지막에 이르렀습니다! 마지막으로 잡고 갈 전 치사는 with입니다. with는 지금 내가 가지고 있거나 나와 가까이 존 재하는 모든 것을 나타낼 때 사용하는 말로, 대표적인 뜻은 '~와 함께' 이죠. 그런데 앞에서 배운 다른 전치사들과 마찬가지로, with를 '~와 함께'로만 생각하면 넓고 다양한 with의 세계를 이해할 수 없습니다. 지금부터 with의 기본 개념뿐만 아니라, 영어에서는 어떤 상황이 무엇 과 with 상태라고 생각하는지 그 확장된 개념도 알아봅시다.

WITH의 기본 개념
사람이나 물건, 의견과 '함께'

앞서 말했지만, with의 기본 의미는 '~와 함께'입니다. 그렇다면 무엇 과 함께 할까요? 구체적으로 살펴봅시다.

1　**함께 하는 사람:** ~와 (함께)

with가 '사람'과 함께 쓰이면 물리적·심리적·비유적으로 **그 사람이 같은 위치에 또는 가까이에 존재함**을 나타냅니다.

I spoke **with** him. 나는 그와 이야기했다.

We want to spend time **with** you.
우리는 너와 함께 시간을 보내고 싶어.

I get along **with** my sister. 나는 언니와 잘 지낸다.

I got in touch **with** him. 나는 그와 연락했다.
〈직역하면 '그와 만질(touch) 수 있는 거리 안에 있음을 얻었다'로, 가까운 상호작용이 드러
　나는 표현입니다.〉

What's wrong **with** you? 무슨 문제라도 있니?
〈'너와 함께 하는 잘못된 것'이 무엇인지 묻는 말이므로 '왜 그래?', '너 무슨 일 있어?'라는 의
　미의 표현입니다.〉

2　**함께하는 의견**

누군가와 함께한다는(with) 것은 그 사람의 **말/의견에 동의함**을 의미하기도 합니다.

I am **with** you. 난 네 말에 동의해.

I agree **with** you. 난 네 말에 동의해.

3　**함께 하는 것:** ~(으)로, ~을 가지고 / ~을 가진, ~이 달린

with는 가까이에 있는 또는 지니고 있는 물건을 **도구나 재료로 이용**하거나 **물건이 어딘가에 달려 있거나 붙어 있음**을 나타낼 때도 쓸 수 있습니다. 또한 **지니고 있는 신체적 특징**을 나타내기도 합니다.

Let me start **with** a story. 저는 이야기로 시작할까 합니다.

I marked it **with** a pen. 나를 그것을 펜으로 표시했다.

I like girls **with** glasses. 나는 안경 낀 여자를 좋아한다.

Look at that guy **with** green hair over there!
저기 초록색 머리의 저 남자 좀 봐!

'~와 함께'라는 기본 개념을 바탕으로 with가 어떻게 확장되는지 알아보겠습니다. 사전을 찾아보면 with의 뜻이 정말 많이 나오지만, 제가 정리한 기본 개념과 확장 개념만 확실히 잡고 있으면 충분히 with를 이해할 수 있습니다.

1 **감정의 이유:** ~로, ~(때문)에

우리말에 "너와 함께여서 기뻐."라는 표현이 있죠. 영어에서도 with로 **감정의 원인**을 나타낼 수 있습니다. 아래 예문을 보면서 감정의 구체적인 이유를 with로 표현하는 연습을 해 봅시다.

I'm satisfied **with** the decision. 나는 그 결정에 만족해.

She's quite pleased **with** the performance.
그녀는 그 공연이 몹시 마음에 들었다.

I'm happy **with** my job. 저는 제 일에 만족해요.

2 **들어 있거나 덮고 있거나 제공받은 내용물:** ~(으)로

with로 어떤 것 속에 들어 있거나 그 위에 덮여 있는 또는 제공받은 '내용물'이 무엇인지 나타낼 수 있습니다. 이를 드러내는 대표적인 표현이 be covered with(~로 덮여 있다)입니다.

The glass is filled **with** water. 유리잔은 물로 가득 차 있다.

The park was littered **with** trash. 공원은 쓰레기로 어질러져 있었다.

The roof is covered **with** snow. 지붕은 눈으로 덮여 있다.

They are provided **with** food. 그들은 먹을 것을 제공받는다.

구동사 표현
'동사+with', '동사+up with' 형태의 핵심 구동사 표현

영어 원어민이 일상에서 정말 자주 사용하지만 한국인 학습자들은 쓰기 어려워하는 '동사+with'와 '동사+up with' 구동사 표현 몇 가지를 소개하겠습니다. 앞에서 배운 with의 기본 개념과 확장된 개념을 바탕으로 각 표현을 보면 왜 저러한 뜻을 갖는지 유추할 수 있을 거예요.

- **do with** ~와 관계가 있다

  It has nothing to do with you.

  이것은 너와는 상관없는 일이야.

- **come up with** (아이디어나 계획 등을) 떠올리다

  I can't come up with a solution.

  나는 해결책을 못 떠올리겠어. (나는 해결책이 안 떠올라.)

- **keep up with** (수업 진도나 유행 등을) 따라잡다

  I can't keep up with the class.

  나는 수업을 따라가지 못하겠어요.

- **put up with** (힘든 상황이나 사람 등을) 참다, 견디다

  I can't put up with my boss.

  나는 내 상사를 못 견디겠어.

- **be fed up with** 싫증이 나다, 진저리가 나다

  I am fed up with you. 나는 너에게 질렸어.

- **help with** ~을 돕다 〈'무엇 하는 것을 도왔는지'를 with로 나타냅니다.〉

  I helped the children with their bath. 나는 아이들의 목욕을 도왔다.

  — I helped with their bath. ○

  — I helped their bath. ×

1 내 말에 동의해?

함께하는 의견 – 나와 함께 있다

⇒   Are you _____ _____?

---

2 그에게 무슨 문제라도 있니?

함께 하는 사람 – 그와 함께 하는 잘못된 것이 있다

⇒   What's wrong _____ _____?

---

3 나는 그들이 한 작업이 만족스럽지 않아.

감정의 이유 – 그들의 작업과 함께 있으면서 만족스럽지 않다

⇒   I'm not satisfied _____ _____ _____.

---

4 나는 우리 가족과 시간을 보낼 거야.

함께 하는 사람 – 나의 가족과 함께 시간을 보내다

⇒   I'll be spending time _____ _____ _____.

5 그 컵에는 얼음이 가득 차 있어.

들어 있는 내용물 – 얼음으로 가득 차 있다

➡ The cup is _____ _____ ice.

----

6 나는 파란 눈의 남자를 좋아해.

함께 하는 것 – 파란 눈을 가진 남자를 좋아하다

➡ I like men _____ _____ _____.

----

7 나는 신선한 채소로 샐러드를 만들었다. (fresh)

함께 하는 것 – 신선한 채소로(채소를 가지고) 샐러드를 만들다

➡ I made the salad _____ _____ _____.

----

8 그 결정으로 인해 나는 정말 기뻐. (decision)

감정의 이유 – 그 결정 때문에 기쁘다

➡ I'm so happy _____ _____ _____.

 MP3를 듣고 각 문장을 따라 말해 보세요. 쓰고 말할 수 있어야 내 것이 됩니다.

MP3 032

① 나는 그것을 펜으로 표시하여 그에게 건네주었다. (marked)

➡ I _____ and passed it over to him.

----

② 나는 며칠 전에 옛 친구와 연락이 되었다.

➡ I _____ my old friend the other day.

----

③ 너랑은 상관없는 일이야. (to do)

➡ It has _____ you.

----

④ 나는 내 시험 결과가 만족스럽지 않다. (exam)

➡ I'm not _____ .

----

5 또 햄버거야? 난 햄버거에 물렸다고! (it)

➡ Hamburger again? I'm _____!

---

6 그의 책상은 많은 책과 종이들로 뒤덮여 있다. (sheets of)

➡ His desk _____.

---

7 나는 최신 유행을 따라갈 수가 없어. (fashion)

➡ I can't _____.

---

8 이것은 당신의 피부 문제에 도움을 줄 것입니다. (you)

➡ This will _____ your skin problem.

MP3를 듣고 각 문장을 따라 말해 보세요. 쓰고 말할 수 있어야 내 것이 됩니다.

MP3 033

02 실전 문제

아래 상자에서 전치사를 골라 주어진 한국어 문장을 영어로 써 보세요. (전치사가 두 개 들어가는 문장도 있습니다.)

on	off	up	out	in	with	down	at	for

1 우리는 금요일 아침에 축구 연습이 있어. (practice)

➡ _____

2 표는 저 너머 부스에서 살 수 있습니다. (the booth, over)

➡ _____

3 이 책은 도움이 되는 조언들로 가득 차 있어요. (tips)

➡ _____

4 라디오를 줄이거나 꺼 줄래? (would, or)

➡ _____

5 우리는 그 콘서트에 300달러를 내야 했다.

➡ _____

6 우리 아들은 밤에 늦게 자고 아침에도 늦게 일어나. (wakes)

➡ _____

7 사람들은 코로나 19에 진저리가 났다. (COVID-19)

➡ _____

8 나는 내 컴퓨터가 고장 났음을 알았다. (found, that)

➡ _____

9   그 가게는 길 모퉁이에 있어요.

➡ _____

10 그것이 2021년도 저희 연간 매출의 50%를 차지했습니다. (accounted, annual sales)

➡ _____

11 집으로 가는 버스에서 엄마가 내게 간식을 주셨다. (home)

➡ _____

12 배가 고팠던 아이들은 식탁에 있던 피자를 다 먹어 치웠다. (kids)

➡ _____

13 나는 당신이 집안일을 도와줬음 좋겠어. (want, me, housework)

➡ _____

14 나는 마침내 학자금 대출을 갚고 빚에서 벗어났다. (paid, got, of)

➡ _____

15 나는 그녀를 기다렸는데, 그녀는 나타나지 않았다. (show)

➡ _____

16 그는 여행을 취소하고 싶지 않아서 그냥 연기했다. (call, just)

➡ _____

MP3를 듣고 각 문장을 따라 말해 보세요. 쓰고 말할 수 있어야 내것이 됩니다.

MP3 034

세진 쌤의
영어식 사고
따라잡기!

영어와 한국어에는 몇 가지 근본적인 사고방식의 차이가 있습니다. 이는 문장 패턴 암기나 단순 쉐도잉으로는 절대 따라잡을 수 없는 것으로, 정확히 콕 집어 인지하고 있어야만 하는 영어식 사고 법칙입니다. 지금부터 우리의 영어를 진짜 영어답게 해 줄 영어식 사고 법칙 4가지를 알아보겠습니다!

영어식 사고 법칙 1   영어는 사람과 사물을 동일하게 취급한다!

영어식 사고 법칙 2   영어의 유창함은 물주구문의 활용에 달렸다!

영어식 사고 법칙 3   영어는 '전체'가 '부분'을 나타낸다!

영어식 사고 법칙 4   영어의 뉘앙스 차이는 '조동사'가 결정한다!

영어는 사람과 사물을
동일하게 취급한다!

이 사고 법칙은 이 책의 처음부터 나오는 내용이기는 하지만, 한국어와 영어의 차이를 보여 주는 결정적인 요소 중 하나인 만큼 한 번 더 짚고 넘어가려 합니다.

예전에 제가 미국 LA를 처음 방문했을 때 차를 렌트해서 혼자 여기저기 다니다가 기름을 넣은 적이 있어요. 미국에는 pending 시스템이라는 것이 있는데, 카드를 긁으면 먼저 100 달러를 가결제하고 추후에 실제 쓴 만큼 다시 결제되는 방식이죠. 처음에 저는 그것도 모르고 분명히 기름을 50달러어치 넣었는데 카드사에서 온 문자를 확인해 보니 100달러가 결제되어 있어서 얼마나 놀랐는지 몰라요. 가뜩이나 비싼 미국 물가에 예민해져 있던 터라 당장 주유소 사무실에 들어가서 따지기 시작했습니다. 아는 영어를 총동원해서 따지는 와중에 제가 직원에게 핸드폰을 들이대며 무의식 중에 이런 표현을 썼어요.

"This message says that ~"

이 메시지가 말해요 ~

나중에 직원에게 자초지종을 들은 후 차로 돌아와 아까의 일을 생각하던 중, 문득 이 표현이 생각나면서 실제로 영어로 이렇게 많이 쓰나 궁금해졌습니다. 메시지가 사람도 아닌데 '말한다'고 쓸 수 있을까? 그래서 열심히 찾아봤는데, 만물의 영장인 '사람' 중심인 한국어와 달리 **영어는 사물도 사람처럼 취급한다**는 것을 확인했습니다! 즉, 영어에서는 사물도 말하고, 가르치고, 가질 수도 있습니다.

The college has famous professors.
그 대학은 유명한 교수들을 가지고 있다.

This book teaches kids how to solve a problem.
이 책은 아이들에게 문제를 푸는 방법을 가르쳐 줍니다.

The paper said that the scientists have found similarities between COVID-19 and HIV.
그 신문은 과학자들이 코로나19와 HIV에서 유사점을 발견했다고 말했다.

예문을 보면 알 수 있듯이, 영어에서는 대학이 '가질' 수 있고, 책이 '가르칠' 수 있고, 신문도 '말할' 수 있습니다. 그렇다면 반대로, **사람을 사물처럼 취급해서 표현**할 수도 있겠죠. 이런 부분이 한국어 사고방식으로는 편안하게 느껴지지 않을 수 있지만, 잘만 습득한다면 영어 실력을 한 단계 업그레이드해 줄 수 있습니다.

The car is not *available* tomorrow.
그 차는 내일 이용할 수 없습니다.

My boss is not *available* tomorrow.
나의 보스는 내일 이용할 수 없습니다. ➡ 나의 보스는 내일 시간이 없습니다.

I'm taking **my MacBook** to the repair shop.
나는 내 맥북을 수리점에 가져갈 거예요.

I'm taking **my friend** to the seminar.
나는 내 친구를 세미나에 데려갈 거예요.

예문을 보니 이해가 좀 쉽죠? 이처럼 영어에서는 사람도 사물도 '이용할 수 없을' 수 있고, 사람도 사물도 'take'할 수 있습니다. 앞으로 영어 공부를 할 때 이런 문장을 발견하면 노트에 따로 써 놓고 몇 번 반복해서 읽고 따라 쓰면서 **사람과 사물을 동일하게 취급하는 영어식 사고**를 확실하게 내 것으로 만들어 갑시다!

영어의 유창함은
물주구문의 활용에 달렸다!

저는 어렸을 때 어떤 영화를 보다가 "What took you so long?(왜 이렇게 시간이 오래 걸렸어?)"이라는 자막을 처음 봤을 때 굉장히 당황했던 기억이 있습니다. 이유를 묻는 why가 나와야 할 것 같은데 왜 what이 쓰였는지 감도 잡히질 않아서 영화를 다 보고서는 바로 저 구문을 찾아봤었죠. 그리고는 저것이 바로 **물주구문**이라는 것을 알았습니다.

물주구문이란 무엇일까요? 쉽게 말하자면 '무생물이 주어인 구문'을 뜻합니다. '영어는 사물을 사람 취급하여 주어로 사용하여 표현할 수 있다'고 한 내용의 연장선으로 받아들이면 좀 더 이해하기 쉽습니다. 우리 책에도 물주구문 문장이 많이 등장하는데요, 물주구문에 관해서는 알려드릴 내용이 정말 많지만 이 책이 문법책은 아니기 때문에 물주구문의 형태나 용법을 세세히 다루지는 않을 거예요.

제가 물주구문과 관련해 특별히 알려 드리고 싶은 것은, **영어는 사물이 어떤 일의 '원인'으로 작용할 때 물주구문을 쓴다**는 사실입니다. 이것을 이해하면 사물을 주어로 사용하는 영어 특유의 사고 틀이 갖추어지는 것입니다. '원인으로 작용한다'라는 것은 한국어로는 '왜/~때문에/~한 이유로' 등으로 해석되죠.

여기서는 3가지 범주의 물주구문을 소개하겠습니다. 바로 what 주어/that 주어/다양한 사물 주어일 때인데요, 주어진 예문을 보면서 각 문장의 주어가 문장 내에서 어떤 '원인'의 역할을 하는지를 파악하며 물주구문을 익혀 봅시다.

1 '이유'를 물어보는 what 주어

what을 주어로 하여 why 대신 **이유**를 물을 수 있습니다.

What brings you here?
무엇이 당신을 여기로 데리고 왔나요? ➡ 무슨 일로 오셨어요?

What took you so long?
무엇이 당신을 오랫동안 취하고 있었나요? ➡ 왜 이렇게 늦었어요?

What makes you think she'll come here?
무엇이 당신을 그녀가 여기에 올 것이라고 생각하게 만드나요?
➡ 왜 그녀가 여기에 올 것이라고 생각해요?

What gave you that idea?
무엇이 당신에게 그런 아이디어를 주었나요? ➡ 왜 그런 생각을 하신 거죠?

2 '과거의 일'을 말해 주는 that 주어

that을 주어로 하여 **과거의 사건이나 사물이 나에게 어떤 영향을 미쳤는지** 설명할 수 있습니다.

That reminded me of my days in Paris.
그것이 나의 파리에서의 시절을 떠올리게 했다.
➡ 그때 내 파리에서의 시절이 생각났다.

That gave me time to grab lunch.

그것이 나에게 점심 먹을 시간을 주었어요.

➡ 그것 때문에 점심을 먹을 시간이 있었어요.

That made me sad.

그것이 나를 슬프게 했어요. ➡ 그것 때문에 슬펐어요.

³ '〜 때문에'를 대신하는 다양한 주어

사물을 주어로 하여 **그것이 나에게 어떤 영향을 미쳤는지**를 설명합니다.

The book sent me to sleep.

그 책이 나를 잠들게 했어. ➡ 그 책 때문에(책을 읽다가) 잠들었어.

The shortcut key saved my time.

그 단축키가 나의 시간을 아껴 주었어. ➡ 그 단축키 덕에 내가 시간을 아꼈어.

The smoke is hurting my eyes.

그 연기가 나의 눈을 아프게 해. ➡ 연기 때문에 눈이 아파.

The king-sized bed dwarfed the room.

그 킹사이즈 침대가 방을 작아 보이게 했다.

➡ 그 킹사이즈 침대 때문에 방이 작아 보였다.

A headache kept me awake all night.

두통이 나를 밤새 깨어 있도록 했어요. ➡ 두통 때문에 밤새 깨어 있었어요.

The circumstances forced us to put off the meeting.

그 상황이 우리에게 회의를 연기하도록 강요했다.

➡ 상황 때문에 우리는 회의를 연기할 수밖에 없었다.

지금까지는 물주구문을 어렵게 생각했을지라도 제가 알려드린 기본만 알면 물주구문으로 굉장히 다양한 상황을 자연스럽게 표현할 수 있게 될 거예요.

영어는 '전체'가
'부분'을 나타낸다!

혹시 I believe you.와 I believe in you.의 차이점을 궁금해해 본 적이 있나요? 저는 공부할 때 개인적으로 이 부분이 무척이나 궁금했습니다. 간단한 것 같지만, 이것을 정확하게 이해하기 위해서는 영어식 사고에 관한 꽤 깊은 이해가 필요합니다.

바로 본론을 말씀드릴게요. 영어에서는 **어떤 사람이 한 말, 갖고 있는 생각, 감정 등을 '그 사람 자체'로 표현**할 수 있습니다. 쉽게 말해, '네가 한 말(what you said)'을 '너(you)'로 표현할 수 있다는 것입니다. 따라서 위에서 예로 든 I believe you.는 '나는 네가 한 말을 믿어'라는 의미가 되겠죠. 이 점이 잘 드러난 예문을 아래에 소개합니다. 실제로 일상에서 정말 많이 쓰는 표현이므로 꼭 기억해 두세요.

I believe you. 나는 네가 말한 것을 믿어.

You look good. 너의 모습이 멋져 보여.

You sound tired. 너의 말이 피곤한 것처럼 들려.

Can you hear me? 제 말이 들리시나요?

Don't get me wrong. 내 말을 오해하지 마.

그렇다면 I believe in you.는 무슨 의미일까요? 이 표현은 I believe (everything) in you.라고 생각하면 됩니다. '네 안의 모든 것을 믿어', 즉 '너라는 사람 자체를 믿어'라는 의미인 것이죠. 누군가의 가치관, 품성, 능력 등에 대한 확고한 믿음을 가지고 있음을 표현하려고 할 때 I believe in you.라고 말해 주면 됩니다.

다시 한번 말하지만, 영어는 '전체(you)'가 '부분(what you said/what you think/how you feel 등)'을 나타낼 수 있는 언어입니다. 이것을 기억하면 정말 자연스럽게 영어를 표현할 수 있게 될 거예요.

세진 쌤의 영어식 사고 따라잡기!

영어의 뉘앙스 차이는
'조동사'가 결정한다!

아래 예문의 차이를 확실하게 말할 수 있나요?

It is good.	좋다.
It <u>can</u> be good.	좋을 수 있다.
It <u>could</u> be good.	좋을 수도 있다.
It <u>will</u> be good.	좋을 것이다.
It <u>would</u> be good.	좋을 것이다.
It <u>must</u> be good.	좋아야 한다.

한국어로 확실하게 뉘앙스를 구분할 수 있는 것도 있지만 그럴 수 없는 것도 있다는 것을 느꼈을 거예요. **한국어는 동사 어미를 통해 뉘앙스를 살리는 반면, 영어에서는 이 역할을 조동사가 합니다.** 그렇기 때문에 확실하게 단정 짓는 사실의 어조보다는 추측의 어조로 말하는 쪽을 선호

하는 한국인에게 조동사는 아주 요긴한 기능어입니다. 조동사에 관해서도 할 이야기는 많지만, 여기서는 꼭 짚어야 하는 몇 가지만 간략히 살펴보겠습니다.

1 조동사의 특징

가장 먼저, 조동사가 가진 특징을 알아보겠습니다.

> ❶ 조동사는 한 문장에 하나만 나옴
> I should will could leave. ×
>
> ❷ 조동사 뒤에는 항상 '동사원형'이 나옴
> I must went there. × / I must go there. ○
>
> ❸ 조동사의 과거형(특히 would, could)은 '현재나 미래 상황에 대한 추측' 또는 '정중함'을 표현

2 조동사의 용법

조동사는 크게 다음 6가지 용법으로 쓰입니다.

| 의지 | I **will** do my best. 나는 최선을 다할 거야.

| 허가 | You **may** go. 너는 가도 좋아.

| 능력 | I **can** speak English. 나는 영어를 말할 수 있다(말할 줄 안다).

| 가능성 | You **can** get a better job. 너는 더 나은 직장을 구할 수 있어.

| 의무 | You **must** clean your room. 너는 방을 치워야 한다.

You **have to** clean your room. 너는 방을 치워야 한다.

It **might/could** be good. 그것은 좋을 수도 있습니다. 50%

It **may/may not** be good. 그것은 좋을 수도/아닐 수도 있습니다. 60%

It **would** be good. 그것은 좋을 거예요. 80%

It **must** be good. 그것은 좋을 것임에 틀림없어요. 100%

예문에 나온 조동사들은 아래로 내려갈수록 추측을 확신하는 정도가 강해집니다. 특히, '비교적 **불확실한 추측**'을 표현할 때 would, could, might 이 세 가지가 자주 쓰입니다. 비록 형태는 과거형이지만, **과거의 일과는 상관없이 현재나 미래 상황에 대한 '추측'**을 나타냅니다.

· would

It **would** be fun. 재미있을 거야.

It **would** be possible. 가능할 거야.

It **would** be right. 맞을 거야.

· could

I **could** do it. 내가 할 수도 있어.

I **could** sleep for two days. 나는 이틀 잘 수도 있을 것 같아. (나 너무 피곤해.)

· might

I **might** go. 내가 갈지도 몰라.

He **might** come. 그가 올지도 몰라.

She **might** not be single. 그녀는 미혼이 아닐지도 몰라.

지금까지 조동사에 관해 간단히 살펴봤는데요, 마지막으로 정말 중요한 조동사를 하나만 더 알아볼게요. 바로 used to입니다. '한때 ~였다 (했다)'와 '예전에 ~하곤 했다'를 나타내는 표현으로, 우리가 일상에서 자주 쓰는 표현이므로 꼭 기억하도록 합시다.

· **used to** (과거에) ~였다, (과거에) ~하곤 했다 〈현재는 아님〉

I **used to** work for a big publishing company.
저는 한 대형 출판사에서 일했습니다. 〈지금은 아님〉

I **used to** go on drinking binges.
저는 폭음을 하곤 했어요. 〈지금은 아님〉

I **used to** lie all the time.
나는 늘상 거짓말을 하곤 했어요. 〈지금은 아님〉

정답 ANSWERS

PART 1   동사 잡기

HAVE

기초 연습문제   pp. 22-23

1   She has three kids.
2   I have piano lessons on Saturdays.
3   I have a fever.
4   The cafe has a really nice atmosphere.
5   I have an important meeting this Friday.
6   The old desk has only three legs.
7   The child has a talent for dancing.
8   The apartment has three rooms and two bathrooms.

심화 연습문제   pp. 24-25

1   I have a meeting every day this week.
2   The laptop has three USB ports.
3   He has classes all day.
4   My boss has an important meeting with a buyer tomorrow.
5   She has very big eyes.
6   I have something to do this weekend.
7   We didn't have any problems finding the house.
8   The apartment has small parking spaces.

MAKE

기초 연습문제   pp. 30-31

1   He will make a mistake.
2   She makes a good salary.
3   Unfortunately, I can't make it.
4   I know you'll make it eventually.
5   What makes you laugh?
6   Have you already made vacation plans?
7   I'm making an effort, too.
8   My computer is making a strange noise.

1   This sentence doesn't make sense.

2   Let's make some room for inventory.

3   He works for a factory that makes cars.

4   They made me wait for an hour.

5   How can I make you happy?

6   She makes friends easily.

7   Try to make a good impression on her.

8   I didn't make any plans for winter vacation.

TAKE

1   He took a beer from the fridge.

2   He takes the subway to work.

3   You can take accounting classes online.

4   He took me to the post office.

5   It looks like rain. Take an umbrella with you.

6   May I take your luggage to your room?

7   What took you so long?

8   I will take responsibility for my decision.

1   She took her things to her room.

2   She takes after her mother.

3   Take this note to your teacher.

4   Did you take your cold medicine after dinner?

5   Don't take it away from me.

6   It took so much time to get used to it.

7   This table is just taking up space.

8   If you are busy, I will take her to the hospital after school.

GET

1   I've got a toothache.

2   Can I get a glass of water?

3   He got promoted early.

4 When are you going to get your car fixed?

5 My wife got pregnant three months ago.

6 I have to get permission from my parents first.

7 Can you get it done today?

8 Am I doing all right? I'm getting worried about everything.

심화 연습문제　pp. 50-51

1 Let's get this over with quickly.

2 Can I get it delivered to the office?

3 Are you trying to get a good reputation at school?

4 How can he get by on so little money?

5 I got divorced last year.

6 I get along with my colleagues.

7 Whenever I watch horror movies, I get goose bumps.

8 When I drink too much, I get a hangover the next day.

GIVE

기초 연습문제　pp. 56-57

1 She gave me her hand.

2 Just give me the reason.

3 I'll give you the answer tomorrow.

4 She gave me a kick on the shin.

5 He gave credit to his coworkers.

6 She gave him an angry look.

7 Can you give an example?

8 My boss recently gave me a verbal warning.

심화 연습문제　pp. 58-59

1 I can do it if you just give me a chance.

2 I decided to give up both coffee and alcohol.

3 She gave him her hand to shake.

4 Are you giving it to me or only lending it?

5 Just give me a few more minutes, and I'll be ready.

6 She gave me a quick glance.

7   Please give me some information about the client.

8   Our store is giving away a free can of soda to everyone!

KEEP

기초 연습문제   pp. 64-65

1   I keep a diary in English.

2   Please keep the change.

3   Why do you keep asking about that?

4   Please keep quiet in the library.

5   Is it that hard to keep your promise?

6   I keep the door locked when I'm alone at home.

7   I keep forgetting to close the fridge door.

8   Keep your eye on the man near the door.

심화 연습문제   pp. 66-67

1   I want to keep in touch with you.

2   We said nothing and just kept walking.

3   I can't keep up with the latest trends.

4   I'll keep you posted on any new developments.

5   You have to keep an eye on your baby.

6   I kept saying sorry because I felt like everything was my fault.

7   Keep in mind that property prices may fall soon.

8   Here are some cleaning tips to keep coronavirus out of your home.

PUT

기초 연습문제   pp. 72-73

1   Did you put sugar in my coffee?

2   Spring can put you in a good mood.

3   Did you put your name on the paper?

4   What time do you put your kids to bed?

5   I put a lot of time and money into it.

6   They put their sick child in the hospital.

7   I don't want to put you in danger.

8   Because of the storm, we had to put off the concert.

1   Put the book on the table.

2   He put his mother in a nursing home.

3   You've put a comma in the wrong place.

4   Beverages and snacks can put customers in a good mood.

5   Never put off until tomorrow what you can do today.

6   She's not very good at putting her views across to others.

7   Put your hand up if you need more time.

8   I don't like him because he put me in a tough situation.

1   Will you give me another chance?

2   How much salt should I put in the soup?

3   I have an important appointment this weekend.

4   Don't forget to take the medicine after dinner.

5   Did you make any plans for your vacation?

6   He gave her a bright smile.

7   I get upset when my boyfriend lies to me.

8   Put your name and phone number at the top of the paper.

9   He's making an effort to change his attitude.

10   It took an hour to finish my report.

11   How can I keep my clients satisfied?

12   I had a fever last night, so my parents took me to the hospital.

13   He put a lot of time and effort into the assignment.

14   Mom keeps saying the same thing whenever she gets angry.

15   The building has a big bookstore and a nice cafe.

16   Do you know how to get a good reputation at the workplace?

PART 2 전치사 잡기

IN/ON/AT
: 장소

기초 연습문제   pp. 88-89

1 The restaurant is on Garosu-gil.
2 I'll wait for you at CGV.
3 There is a very big picture on the wall.
4 My father is mowing the grass in the front yard.
5 You can see the Eiffel Tower on your left.
6 I'm at the bakery near my house.
7 It is a local hospital in Daejeon.
8 I think there's someone at the door.

심화 연습문제   pp. 90-91

1 I read it quickly on the plane.
2 There's a lot of content on the internet.
3 Don't make a sudden stop at the traffic light.
4 There's a food court on the fifth floor.
5 Please sign at the bottom of the page.
6 There wasn't enough space in the classroom for everyone.
7 Mr. Kim is not in the office right now. Could you call back later?
8 My family lived in an apartment on Samseong Street.

IN/ON/AT
: 시간

기초 연습문제   pp. 96-97

1 Dinner is usually at 7 o'clock.
2 We have long vacations in the summer.
3 The game starts at 9:45.
4 Are you having a party on your birthday?
5 We are living in the 21st century.
6 My wife takes a Pilates class on Saturdays.
7 He wasn't there at the end of the concert.
8 There is an international conference on January 31.

심화 연습문제   pp. 98-99

1 I'm not doing anything at the moment.

2 My husband <u>gets up</u> really early <u>in the morning</u>.

3 Are you going to <u>the gathering on Friday night</u>?

4 The train <u>leaves at 3 o'clock</u>, so don't be late!

5 The fireworks <u>on New Year's Eve</u> were <u>breathtaking</u>.

6 Admiral Yi Sun-shin lived <u>in the 16th century</u>. He was <u>born in</u> 1545.

7 I usually visit LA <u>on Christmas day</u>.

8 I am going to <u>see my client at lunchtime</u> to discuss the contract.

IN/ON/AT
: 그 외

기초 연습문제 pp. 106-107

1 Can I <u>count</u> <u>on</u> you?

2 I am <u>on</u> my way <u>home</u>.

3 He was running <u>at me</u>.

4 Not much has <u>changed</u> <u>in</u> the last 5 years.

5 My friend <u>commented</u> <u>on</u> my new haircut.

6 It can travel <u>at the speed</u> of sound.

7 We don't <u>spend</u> a lot of money <u>on marketing</u>.

8 We are seeing an <u>increase</u> <u>in sales</u>.

심화 연습문제 pp. 108-109

1 Do you mind <u>calling</u> me back <u>in 10 minutes</u>?

2 If they're <u>on a diet</u>, they should have the salad.

3 It <u>depends on what</u> you want to do.

4 She <u>laughed at me</u> for crying.

5 She's <u>dressed in white</u> now.

6 You will probably get stressed out <u>about something at work</u>.

7 That can be <u>done in a written form</u> or orally.

8 We should read <u>at least one book</u> a week.

UP

기초 연습문제 pp. 120-121

1 He carried some books <u>up the stairs</u>.

2 The bed <u>takes up</u> a lot of space.

3 Can you <u>speak up</u>?

4 I <u>got up</u> late this morning.

5 I <u>ate up</u> all the noodles.

6   My sister made up the story.

7   My birthday is coming up!

8   She brewed up some coffee.

1   Please come up on stage.

2   I set up the new version of SAP on my computer.

3   I made up a new name for my second life.

4   I'm tied up with work until next Wednesday.

5   She grilled up some beef.

6   I woke up early in the morning and wrote him an email.

7   It's so hard to pick up small beans with chopsticks.

8   Christmas is coming up, and I don't want to mess it up.

DOWN

1   He put the glass down.

2   Sit down and take a rest.

3   She wrote it down for me.

4   I counted on you, but you let me down.

5   Scroll down to the bottom of the document.

6   My boss turned down the new project proposal.

7   He put me down in front of his relatives.

8   Will you turn down the music?

1   I'm sorry for letting you down.

2   My cell phone broke down again, and it will cost a lot to repair.

3   Anyone who is unqualified should step down.

4   The children walked down the stairs and jumped into the car.

5   I came down with a cold during the holidays.

6   Taking a deep breath helps you calm down.

7   She was trying to talk down to me in front of her parents.

8   He fell down to the ground and broke his arm.

OFF

기초 연습문제 pp. 136-137

1 He took his jacket off.

2 You can drop me off over there.

3 Where are you off to?

4 If you type in this code, you can get 10% off.

5 Don't forget to turn off your computer.

6 Ladies and gentlemen, our flight is taking off.

7 She likes to show off.

8 There was something off about him.

심화 연습문제 pp. 138-139

1 I'm off to work now.

2 Please turn off your cell phones before the meeting.

3 I paid off my student loan last year.

4 Can I take a day off tomorrow?

5 He showed off his new designer shirt at the party.

6 The alarm is set to go off at 8 o'clock.

7 Could you drop me off at Mapo station?

8 I got on the subway at Gangnam station and got off at Samseong station.

OUT

기초 연습문제 pp. 144-145

1 Let me take you out tonight.

2 We're running out of time.

3 It turned out that he lied to me.

4 He is finally coming out of his depression.

5 My mom freaked out when she heard the news.

6 She always stands out because she's so pretty.

7 You can pick out one item you want from the box.

8 I was eager to get out of trouble.

심화 연습문제 pp. 146-147

1 You don't have to fill out the form.

2 I really want to hang out with you.

3 The kid picked out some toys and put them in the bag.

4 It's the day to sort out your garbage.

5 I'm out of the office until next Monday.

6 I started out my career as a television writer.

7 His forecast turned out to be quite accurate.

8 Running out of gas in the middle of nowhere is one of drivers' biggest fears.

FOR

기초 연습문제 pp. 152-153

1 I hope for your safe return.

2 Our team asked for a meeting with the client.

3 I paid 5 dollars for parking.

4 He is too clever for a student.

5 I'm ready for the job interview.

6 I searched for good job offers online.

7 I'm responsible for managing the team.

8 I've been studying English for almost 12 years.

심화 연습문제 pp. 154-155

1 I practiced law for 10 years.

2 We are going out for drinks.

3 Bad service accounts for most of the customer complaints.

4 What does TGIF stand for?

5 I always strive for excellence.

6 My son is kind of short for his age.

7 We rented a hotel room for a couple of days.

8 The top 10% now accounts for 80% of the wealth.

WITH

기초 연습문제 pp. 160-161

1 Are you with me?

2 What's wrong with him?

3 I'm not satisfied with their work.

4 I'll be spending time with my family.

5 The cup is filled with ice.

6   I like men with blue eyes.

7   I made the salad with fresh vegetables.

8   I'm so happy with the decision.

1   I marked it with a pen and passed it over to him.

2   I got in touch with my old friend the other day.

3   It has nothing to do with you.

4   I'm not satisfied with my exam results.

5   Hamburger again? I'm fed up with it!

6   His desk is covered with many books and sheets of paper.

7   I can't keep up with the latest fashion.

8   This will help you with your skin problem.

PART 2 실전 문제   pp. 164-165

1   We have soccer practice on Friday morning.

2   You can buy the ticket at the booth over there.

3   This book is filled with helpful tips.

4   Would you turn down the radio or turn it off?

5   We had to pay 300 dollars for the concert.

6   My son sleeps late at night and wakes up late in the morning.

7   People are fed up with COVID-19.

8   I found out that my computer broke down.

9   The store is at the corner of the street.

10   It accounted for 50% of our annual sales in 2021.

11   On the bus home, my mother gave me some snacks.

12   The hungry kids ate up all the pizza on the table.

13   I want you to help me with the housework.

14   I finally paid off my student loan and got out of debt.

15   I waited for her, but she didn't show up.

16   He didn't want to call off his trip, so he just put it off.